——2017年四川大学非标准答案考试论文及试题集

主　编／张红伟
副主编／严斌宇
编　委／王　军　李　麟　何　玮　陆　斌

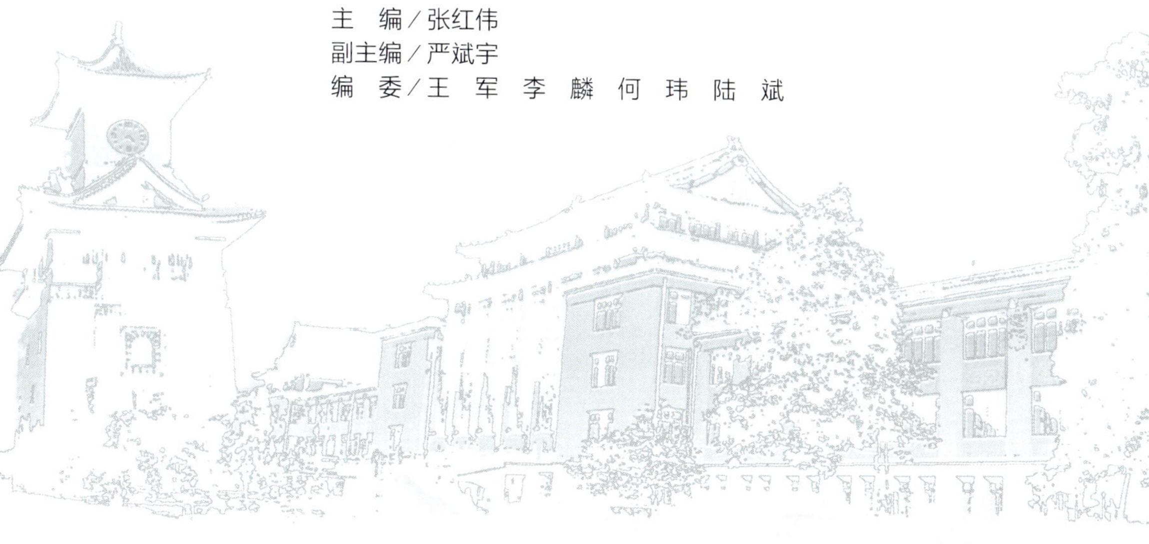

序言

XUYAN

教育不是注入一桶水，而是点燃一把火。一流大学的教育目的不仅是让学生学习知识、提升素养、塑造人格，更是要让学生真正具有独立思考能力、创新创业能力、协作精神和社会担当能力。四川大学把课堂教育教学改革作为突破口，把学业评价方式改革作为切入点，以此来提高教育教学质量。从2011年开始，学校全面启动实施了“全过程考核—非标准答案”考试改革，核心就是要打破传统的应试教育模式，从过去靠死记硬背的“记忆式”学习向“想象式”学习转变，使学生在学习和运用知识的同时，更要去想象、去独立思考、去自由探索，激发学生去异想天开、创新创造，培养学生的批判精神和独立思考的能力。

对学校全面实施“非标准答案考试、取消60分及格”的学业评价方式，我们的老师大力支持、积极参与，全面推动改革，主动改变理念、改变思维、改变传统的考试命题方式和习惯，让试题更具灵活性、开放性与探究性，使考试的内容不是简单地去考学生背了多少、记了多少，而是考学生思考了多少、领会了多少，促使学生有好想法、好创意，以此来激发学生学习的积极性、思维的创新性，促使学生真学、真想、真领会。

历经6年的考试改革探索与实践，我们已经逐步从“期末一考定成绩”的传统而单一的学业考核方式，转变为“学业（课程）考核全程化、评价标准多元化、考核方式多样化、考核结果动态化”的新模式。当前，我们正在全面推进世界一流大学和一流学科建设。建设世界一流大学，核心是培养一流人才，关键就是要办最好的本科教育。我们要以继续深入实施“探究式—小班化”课堂教学改革为突破口，全面推行启发式讲授、互动式交流、探究式讨论、非标准答案考试，真正促进师生互动、教学相长，努力培养真正具有独立人格、宽广视野、开阔心智和理想气质，具备国际竞争力、领袖能力和广阔潜力的一流人才。

基于此，我们收录了非标准答案考试改革的典型案例，并集结成册，公开出版发行，以期激发广大教师参与和推动“全过程考核—非标准答案”考试改革的积极性和主动性，进一步全面推进学校教育教学改革，提高学校创新人才培养的质量和水平，为建设高等教育强国、实现中华民族伟大复兴“中国梦”作出“川大贡献”。

四川大学校长、中国工程院院士 谢和平

2017年11月29日

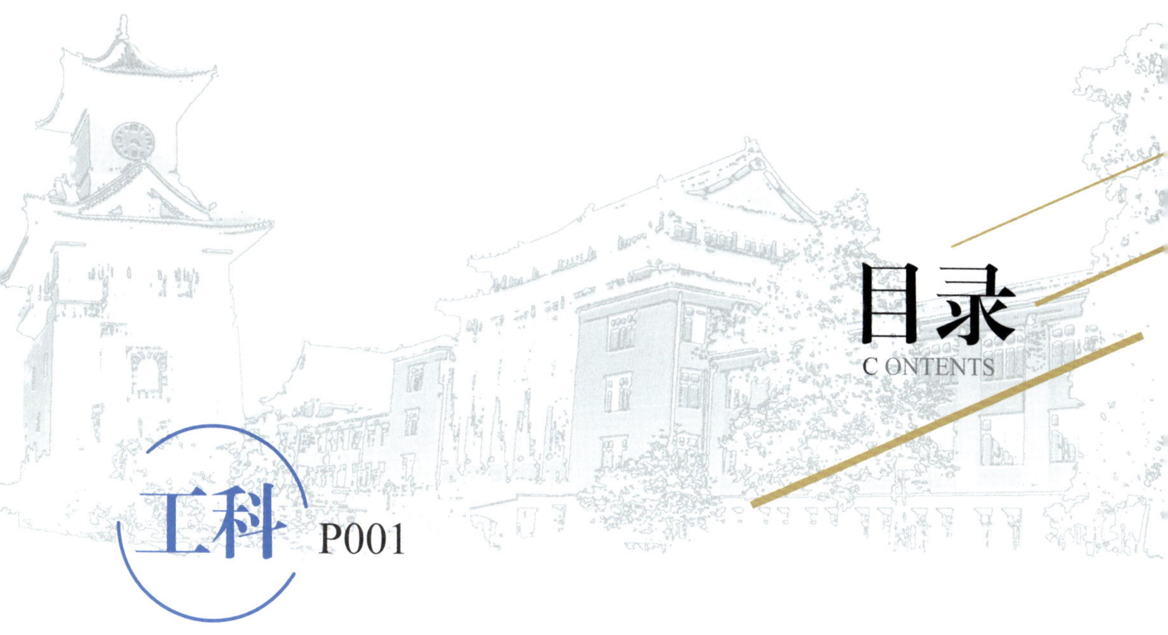

目录

CONTENTS

工科 P001

以学为中心，以考作精炼

……严斌宇（电子信息学院） 002

非标准答案试题——培养学生解决复杂工程问题能力的创意空间

……肖 勇（电气信息学院） 012

非标准化答案与开放性学习

……周颖杰（计算机学院/软件学院） 022

以学为中心，非标准答案，为未来而教

……周加贝（化学工程学院） 042

非标准化答案考试在提升素质教育水平中的作用

……朱 权（化学工程学院） 058

非标准答案考试对于培养学生开放性思维和创造性思维的意义

……姚云鹤（轻纺与食品学院） 076

非标准化考试在“嵌入式系统”课程的实践和探索

…赵 辉 陈 文 洪 玫 张 磊 张卫华（计算机学院/软件学院） 086

头脑风暴（Brain Storm）让学生主动爱上生化课

……………………………………傅　强（华西基础医学与法医学院）　102

考试改革与教学改革

……………………………………熊文碧（华西基础医学与法医学院）　114

从知识灌输到能力培养——非标准答案考核的思考与实践

……………………………………李　楠（华西基础医学与法医学院）　132

以学为中心——以考试改革促进自主学习

……………………………………卿　平（华西临床医学院/华西医院）　146

医学教育中标准化与非标准化考核的思辨

……………………………………曾　静　李　侨　左　川　邓　蓓　姜永东

（华西临床医学院/华西医院）　160

非标准化答案考试是促进口腔医学技术人才培养模式改革的突破口

……………………………………岳　莉（华西口腔医学院/华西口腔医院）　178

非标准答案在案例式教学实施中对教学效果的影响

……………………………………张　勤（华西公共卫生学院/华西第四医院）　208

创新教学互动形式，助力高校考试改革

……………………………………张引颖（华西公共卫生学院/华西第四医院）　220

“非标准化考试”在自然科学类通识课程考核中的探索与实践

……………………………………张　丹（华西药学院）　230

工科

GONGKE

计算机通信与网络
课程号：205040030

课程简介

“计算机通信与网络”是一门来源于实际，又在实际中不断发展的课程。学生在学习过程中不仅要切实理解和掌握课程的基本概念、必要的理论知识和基本方法，更要紧跟计算机网络技术发展步伐，在实践中不断加深对本课程的认识和掌握。课堂内外，锚点式教学法与小步子教学法不可或缺。教师通过提供与教学内容匹配的“锚点”，引导学生在自主、合作探究过程中，“消解”具体的“锚”，从而达到建构知识体系的目的。

严斌宇 / 四川大学电子信息学院

严斌宇，副教授，主要从事计算机网络、云计算等理论和技术研究。

2011 年，在电子信息学院率先实施了课程教学考试改革，让平时成绩和动手能力成为评价学生课程水平的真正标尺。

曾获第五届本科优秀教学奖二等奖（2009 年）、四川省第一届青年教师教学竞赛优秀奖（2012 年）、第六届本科优秀教学奖二等奖（2013 年）、首届四川大学“十佳青年教师教学奖”（2013 年）、四川大学五粮春青年教师优秀教学奖（2016 年）。

以学为中心，以考作精炼

四川大学电子信息学院　严斌宇

没有成功的学习，何谈成功的考试。虽然在这里我们谈考试改革，谈非标准化答案考核，谈考核结果动态化，等等，但我仍想回归到我们作为高校教师最本真的角色，从我们课堂教学最根本的目的谈起。

高校教师不是考官，是引领学生主动式甚至是进攻式获取专业知识的“导师”，是保护学生在专业领域中无拘无束畅游的“教练”。课堂教学不是教师简单地把知识讲授给学生的过程，而是学生因具备求知原动力而主动去建构知识体系的过程。在这个过程中，教师拥有一个支架，支架大到足以把控专业教学的全局，学生在教师这一支架下，主动学习，寻求帮助，完成专业知识的获取、吸收、重组和应用。这是我认为的教师角色定位和教学目的，为人师的“初心”和做教学的“初衷”均由此而来。同样，考试的改革，万变也不应离其宗，否则无法改，也无从改；反之，在正确的认知下，由于社会发展、思维局限等各种原因而引起的教师在教学、考试上方式陈旧落后，背离初衷的现象就应及时调整，方能回归教育的本质。

“计算机通信与网络”属于典型工科性质的课程，如果采取陈旧的教学形式，讲授脱离实际的理论知识，学生学习到的就是死知识，非常乏味无趣，这在很大程度上抑制了学生的积极性和学习效果，也达不到教学的目的。因此，我自己积极响应学校的教学改革号召，在课程教学中实施案例式教学、探究式讨论、全过程考核等更科学、更人性化的教学方式，激发学生主动学习的积极性，得到了学生的热情反馈，取得了良好的效果。

教学是根，考试是叶，根深叶繁茂。我在教学中，牢牢把握住“以学为中心，以考作精炼”的原则，主要做以下调整和改革：

1. 在探究式教学模式的实践中，引导学生以“自主、探究、合作”为特征的学习方式，对主要知识点进行自主学习、深入探究，并进行小组合作交流，较好地达到课程标准中要求对相关知识、概念、原理与能力的掌握，真正做到“翻转课堂”。

2. 总结从教十余年来的科研与工程经验，将工程案例穿插到教学内容中，改善了很多知识点略显枯燥而令学生索然无味的现象。先于课本教学举出的教学案例，帮助学生更自然地接触和理解课程的重点难点内容，而在一段理论学习之后再次用案例来提出问题，让学生在解决问题的过程中收获学以致用的成就感。整个案例教学体现“从哪儿来，回哪儿去”的闭合式知识体系构建理念。

3. 教学过程中布置形式灵活、难度较大的作业，如较复杂的算法设计或实际工程项目，来考查学生的独立思考能力、实践操作能力、分析与解决问题能力和团队合作能力，让探究式教学下的“非标准化全过程考核”水到渠成。无论平时考核，还是期末考试，都没有标准答案，而是采用学生自己精炼自己所学专业知识的方式，即是学生自己面对自己的过程，所以教师用好考试这根指挥棒尤其重要。

以学为中心，以考作精炼。作业体系设计的增加，改变了学生对平时作业不重视的态度；实践项目的增加，让学生真正把脑筋动起来，在重难点内容的基础上触及科学前沿内容，体会课程真实的应用前景。课程教学考试改革，让实践成绩在期末总成绩中的比重加大，降低期末考试成绩比重，让平时成绩和动手能力成为评价学生水平的真正标尺，让学生在平时作业和实践环节中投入更多时间和精力，同时也能真正做到知识和能力的共同提升。诚然，考试改革要求学生转变思路，投入更多的时间和精力在学习中，同时，更多的是要求教师打破固有思想束缚，投入更多的精力专研专业课程架构，丰富教学内容，设计形式灵活、非标准化答案的作业及期末考题。但是，回到开篇谈到的“初心”与“初衷”，我想再多的付出也是值得的。

1983 年美国国家教育卓越委员会（National Commission on Excellence in Education, 简称 NECC）发表的《国家在危险中》谈道：“我们社会的教育基础正在被一种平庸的浪潮侵蚀……如果是一种不友好的力量把这种现在的平庸教育加到美国头上的话，我们可以将它看成一场战争来行动。”以史为鉴，今天不应让平庸的教育在我们身边发生，卓越的教育才能培育出卓越的人才。作为教师，从己做起，卓越教学，锐意改革，职责所在。

最后，我想说，教育是最不能浮躁的。春来叶自青，秋至叶飘零，日复一日的劳作，只为让本就具有灵气的土地开出更多智慧的花朵，迎接那绚烂的春天。

考试题目

题目：

Trouble shooting，网络工程师就这样炼成

试题说明：

假设你是某高校网络管理中心的一名网络管理员，工作中接到了某学院一名教师的投诉电话，反映所在办公环境的网络故障：他不能使用浏览器访问百度、新浪等网站了。按照工作守则，你接下来的操作步骤应该是：向该用户提出若干个问题（包括具体故障现象、操作建议等），记录他对这些问题的回答，随后根据答案进行故障原因判断，并给出进一步的解决方案。

考试要求：

1. 根据以上信息，列出你可能会向用户提出的问题，问题应不少于 5 个，不多于 10 个，其中第一个问题必须是："请问您是哪个学院的老师？"

2. 模拟一个用户身份（可选范围：物理学院、化学学院、文学与新闻学院、外语学院、体育学院、高分子学院、制造学院、艺术学院、口腔医学院），想象该用户对于以上所有问题的回答。

3. 根据以上问题和用户的回答，判断故障原因，并给出你认为合理的解决方案。

学生答案

学生答案一：

“您好，请问您是哪个学院的老师？”

“我是体育学院的张老师。”

“张老师，请问您的网络是出现了什么问题呢？”

“我今天到办公室上网，本来想上新浪体育频道看一下昨天比赛的情况，结果根本就打不开，然后我又试了一下百度，结果还是打不开。”

“请问您使用的是有线网络还是无线网络呢？”

“就直接接的那根宽带嘛，有线的。”

“请您检查一下宽带接口是否有松动？”

“我看了，没有松动。”

“那好，麻烦您打开电脑的命令行，执行一下‘ipconfig’指令可以吗？”

“嗯，我执行了，看得到我自己电脑的 IP。”

“张老师对计算机很有了解嘛！那再请您 ping 一下网关，看是否能 ping 通？”

“可以 ping 通的。”

“您试着打开浏览器，用 http://192.168.xx.xx 的方式访问一下川大官网，可以打开吗？”

“嗯，打开是正常的。”

“那您直接用‘www.scu.edu.cn’访问川大官网，可以打开吗？”

“不行。”

“那我推测可能是您电脑的 DNS 协议配置出现了一些问题，您可以打开浏览器的 Internet 选项，在协议中将 DNS 服务打开，然后再看看网络是否正常。”

“恢复正常了，谢谢你。”

“不用客气。”

学生答案

学生答案二：

问题：

①请问您是哪个学院的老师?

②请问您是处于什么样的网络状态下？校园网还是宽带?

③请问这样的情况什么时候出现的？持续了多久?

④请问是否更换过不同的网络环境，重新进行过测试?

⑤请问可以访问本校的校内主页吗?

⑥麻烦您检查一下各个接口的线路是否保持良好的连接，并且没有遭到破坏。

⑦办公楼附近有进行过施工吗?

⑧是否能用命令行 ping 通本地网卡?

模拟答案：

①物理学院；

②校园网；

③今天一整天；

④换了无线宽带便可以访问；

⑤不可以访问；

⑥各接口线路良好，排除物理因素；

⑦有过挖地施工；

⑧ ping 得通。

解决方案：

我认为是施工时将校园网的布线挖坏了，因为用无线宽带可以访问，本地网卡可 ping 通，排除主机因素，于是便是校园网问题，而最近也未更改过网络配置，因此应是施工时网线被挖坏了。

学生答案三：

请问您是哪个学院的老师？

用户：我是体育学院的张老师。

张老师，您好！请问您的电脑除了不能用浏览器访问网站，还能连接网络用其他应用程序上网吗？

用户：不可以，不能上网了，重启了几次都不行。

网管：您的计算机是无线连接还是用网线本地连接的？

用户：本地连接的。

网管：张老师，下面跟着我说的步骤操作，然后把结果反馈给我，让我排查一下故障所在。

用户：好的。

网管：您重新连接网络，然后用 windows 键打开开始界面，然后在搜索处打入 cmd，enter 键进入，然后，输入 arp –a，enter 键，现在界面上出现的命令行数目大概有多少？

用户：出现了好多，数目很大。

学生答案

在每行最后一个参数那儿动态的是不是很多，或者是 dynamic？

是这样的，动态的确有很多。

好的，张老师，您的电脑遭受了 ARP 报文攻击，随后我们会安排工作人员到您办公室帮您维修。

谢谢。

不用谢，再见。

故障原因：

由用户的回答可知，用户采取本地连接，排除无线路由器的故障；通过 ARP 表可知，电脑受到了 ARP 报文攻击，攻击主机通过高频向被攻击主机发送 ARP 报文，造成用户主机无法上网。

解决方案：

第一种解决方案：（1）在 CMD 界面通过 arp -a, arp -d, ipconfig | all 命令获取网关的 IP 地址和真实的 MAC 地址。

（2）用 arp -s 命令将网关的 IP 地址和真实 MAC 地址绑定，设为静态，这样便可以防止中间人攻击，伪造网关盗取数据。

第二种解决方案：将用户自己的 IP 和 MAC 地址以高频率发送给网关，频率要超过攻击报文，但此方案给路由器增加了负担，易造成网络瘫痪。

学生答案一

答题者预设了DNS出错的结果，并熟知DNS出错的典型故障现象，通过设计合理的提问和回答，逐步引导用户将故障信息完整展现出来。特别是“张老师对计算机很有了解嘛！”这句台词，堪称佳句！

唯一的遗憾是最后解决问题的办法有疏漏，若改为修改本机的DNS服务器设置，答案就完美了。

学生答案二

或许是注意到题目中对用户身份的预设，没有计算机、软件、电子等传统IT类专业，答题者可能认为对其他专业老师来说，描述网络故障过于专业，于是另辟蹊径，选择了“施工意外挖断光缆”这样一个可能性，特别是问题中强调了今天刚刚出现此故障，也算是一个亮点。

学生答案三

很明显这位答题者遇到的体育学院张老师没有很熟练的计算机网络操作能力（似乎这是合理的），所以问题中设计了“step by step”操作方式，引导张老师检查故障，并且很轻易地发现了ARP病毒的典型工作痕迹。这是我们在翻转课堂环节布置的课外习题，很明显该同学对这部分理解和掌握得非常透彻，并把它合理运用到了这里。

电机及电力拖动基础
课程号：303227040

课程简介

“电机及电力拖动基础”课程以电机构造及其电能—磁能—机械能转换规律为学习目标，从基本电磁物理现象入手，揭示电机及变压器的基本构造、工作原理，通过对电机运动规律的数学描述，研究交直流电机的运行条件、性能及选择方法，并为如何控制电机的运行质量提供理论依据。该学科的前沿应用领域主要为全电推进和新能源变换技术等。课程系自动化专业的核心课程。

肖 勇/四川大学电气信息学院

肖勇，1998 年于四川大学工业自动化专业获硕士学位。长期从事电力电子技术、电力驱动技术方面的本科教学及实验研究工作。曾获得四川大学考试改革项目一、二等奖各一次，四川大学课堂教学质量优秀奖二次，第六届四川大学本科优秀教学奖二等奖。

非标准答案试题
——培养学生解决复杂工程问题能力的创意空间

四川大学电气信息学院　肖　勇

不少工科专业的学生有种认识误区，认为专业课程学习即等同于“公式—计算—答案”三部曲，得到唯一“正确”的数值答案似乎成为学习的终极目标。在求解出一个“正确”的答案后，有些学生并不关注数据的量纲及其工程价值，也缺乏对“计算结果”进行自我评估的意识和能力，当面对工程应用问题时就会一筹莫展，这是单一答案试题及其训练模式容易产生的消极后果。

目前国内众多高校的工科类专业都在参加基于华盛顿协议的工程专业认证，该认证以 4~5 年本科学历为目标，以成果导向 OBE（Outcome Based Education）为核心理念，提出教学设计和教学实施的目标是保证学生取得“特定的学习成果”，成果的主要指向是“具有解决复杂工程问题（Complex Engineering Problems）的能力”。

工程问题的重要特质之一是结果的非唯一性，这有别于课程教材提供的练习题。我们培养的学生应该具有认知非唯一性结果的能力，树立“没有最好，只有更好”的理念。“复杂工程问题”的复杂性，体现在三个方面：其一，问题的复杂性，涉及知识面广，非一门课程的知识能容纳；其二，解决过程的复杂性，并非一系列的数学计算就能涵盖，一般包含设立问题目标、获取和分析初始信息、整合知识和资源、提出解决方案并验证、评估工程价值等多个环节；其三，知识的复杂性，需要具有一定的更新知识能力，即经验的积累和升级。

一门专业课程，一般只对应工程问题的局部知识，如何在有限的课程教学时空中达成培养目标呢？非标准化答案试题及考试改革为此提供了广阔的教学改革空间。

非标准化答案试题不仅限于工程推算，更要将基于工程目标的系统化思维，即需求分析、资源（知识）整合、方案论证、计算验证、可实现性和价值评估等贯穿于问题求解的全过程，由此不可避免地带来过程及结果的多样性；鼓励原创，学生养成良好的原生态思维习惯，是萌发创新意识的前提，也可以使他们获得终生自我学习能力。

我们在自动化专业的多门专业骨干课程中，通过引入多种形式的非标准化答案试题案例，如课堂过程测评、主题演讲和期末考试等，引导学生拓宽视野，自主进行工程问题的探究。实施的主要特点有：（1）工程问题的提出要立足于课程的基本知识点，同时尽可能与当今新技术应用领域相结合，具有基础 + 兴趣的引导效果。（2）题目往往涉及多门纵向基础课程（前期课程）和横向专业课程（本期平行课程），学生只有将各个课程的知识点互联互通，才能整合资源，形成较为完整的解决方案。（3）题目适度超越本专业知识范畴，体现工程问题的多学科融合特点，并留给学生一定的想象空间。（4）鼓励学生以多维度的方式思考和表达，问题求证过程应体现工程设计的一般步骤，并强调对方案的自我评估。

从课后学生在课程问卷上的反映可以看出，非标准化答案试题，淡化了课程知识的枯燥感，使学生感受到前后左右课程的用武之地，实实在在地体验到“复杂工程问题”的核心所在，增强了学生的学习自信和能动性。

考试题目

题目：

设计提升系统发电能力方案

试题说明：

在交通管理设施（如交通灯等）的供电系统中，长期存在电源保障瓶颈问题。如何提供不依赖于电网的稳定直流电源系统?

一种基于“汽车碾压发电系统”的构想提供了不依懒于电网的绿色环保解决

方案。如图所示，行驶中的车轮碾压公路上预埋的冲击杆，致使磁体运动，并在线圈中产生感应发电电势，通过电能处理器将冲击电能收集于储能装置，为交通设施提供独立的直流供电。

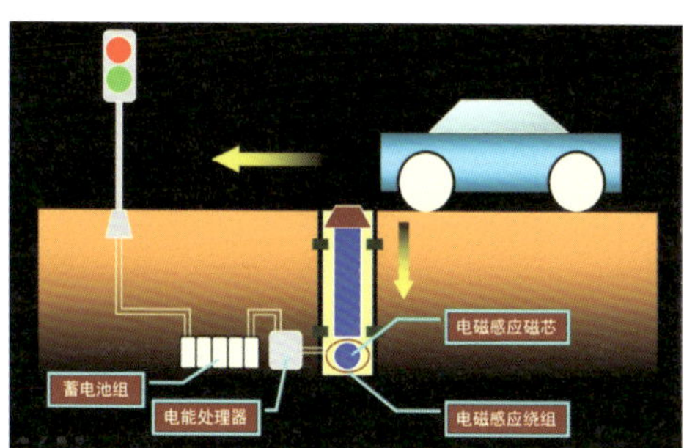

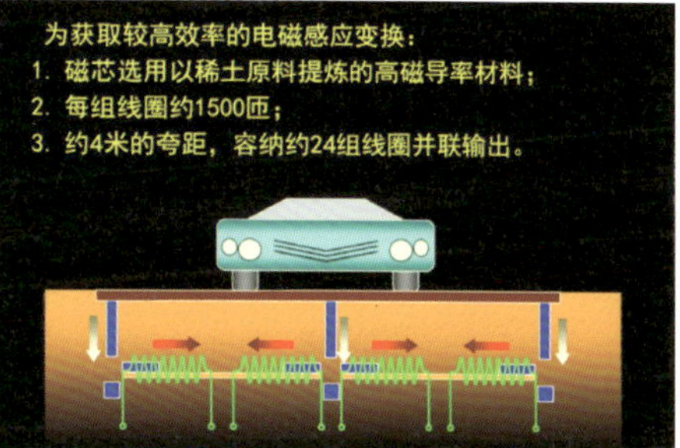

经实验测定，汽车前、后轮碾压的感应线圈输出电压波形（一次整流后）如下：

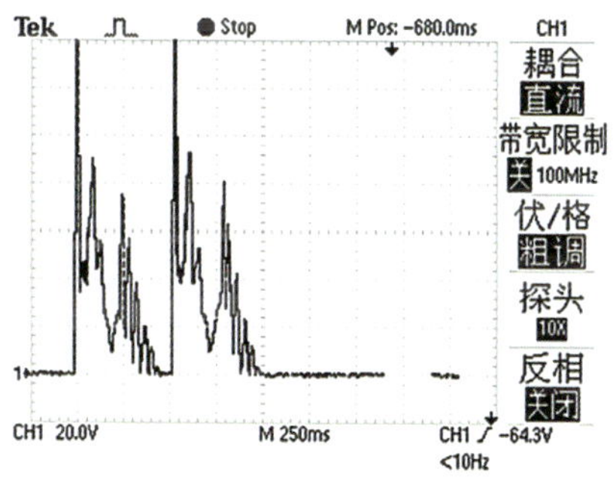

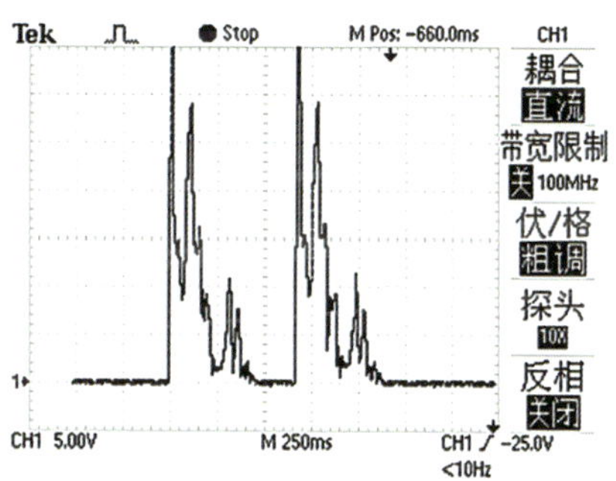

第一组测试：接 450Ω 负载电阻，输出最高波峰值 92V 左右，单周期 500ms 左右，单周期电压有效值 35V 左右。

第二组测试：接 17Ω 负载电阻，输出最高波峰值 29V 左右，单周期 500ms 左右，单周期电压有效值 12V 左右。

考试要求：

若以碾压单周期平均输出 12V/1A 为额定目标。

1. 估算发电电源的等效内阻 R_n，并评估电源输出电能是否达到要求。若需满足额定输出要求，R_n 设计为多大合理？在保持发电电势不变的前提下，如何实现？

2. 在保持电磁工作原理和设备占地空间的前提下，提出进一步提升发电能力的方案，并对此进行工程及社会价值评估（复杂性、性价比、可靠性、环境影响等）。

3. 简要分析该供电系统正常运行应具有的主要外在条件。

学生答案

学生答案一（节选）：

电气信息学院　胡颖征　2015141442022 / 穆　宇　2015141442048
李利芳　2015141442032 / 孙天然　2015141442054

提升系统发电能力方案

将滑动磁块设计成空心穿套结构或 U 型，形成感应线圈四面切割磁通的效应，在同等切割速度下，产生更高的感应电势，同时为垂直运动磁体添加感应绕组，提高发电输出电能。

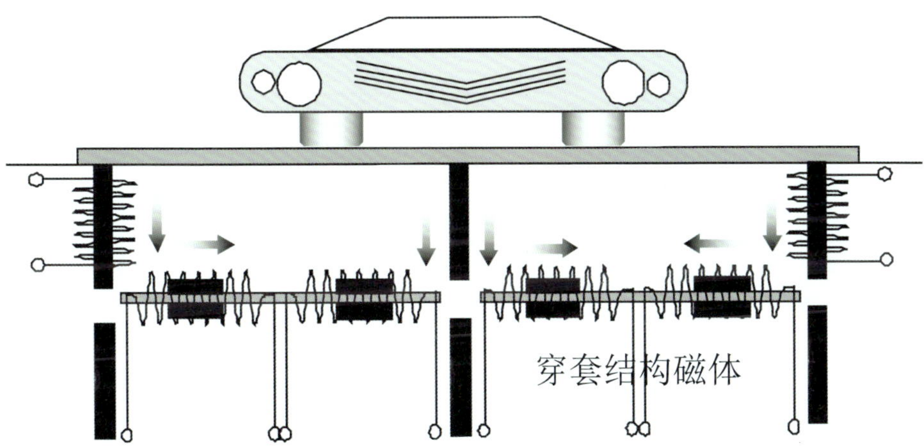

学生答案

学生答案二（节选）：

电气信息学院　毛雅洁　2015141442045 / 赵洁琼　2015141442084
何　蔚　2015141442020

提升系统发电能力方案

将随压杆垂直运动的磁体安装弹性连接器（如弹簧），利用弹簧的震荡惯性，将一次车体碾压变为多次（衰减式）磁块的震荡运动，延长磁感应周期总量，提高发电输出电能。

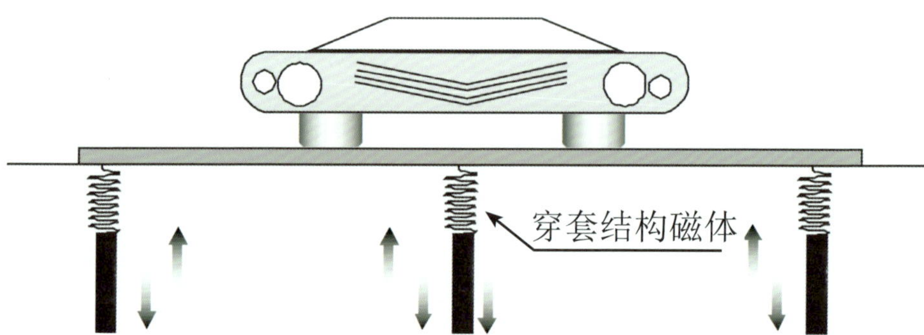

学生答案一

方案在没有增加设备空间的前提下，通过磁体结构的改进和增加绕组，将发电能力提升1倍以上，说明本组学生正确理解了系统电磁感应的机理，并进一步挖掘出系统的发电电压潜力。

学生答案二

方案利用增加弹性结构，突破了一辆车只有两次运动冲击的局限，延长发电周期，对提升输出电能总量有一定效果。尽管方案没有对弹性结构的稳定性做进一步评估，但仍不失为一种创意。

网络工程

课程号：304055030

课程简介

“网络工程”为计算机类专业（非网络工程方向）大学本科生的一门重要专业选修课程。本课程主要围绕网络工程所涉及的基础知识和相关问题进行讲解，并就一些专题进行讨论。其内容包括：网络工程的基本概念和技术、网络设计需求分析、网络逻辑设计、网络物理设计、网络安全设计、网络工程项目实施、网络系统测试与验收、网络系统管理与维护、网络工程项目招投标、无线局域网等。

本课程的教学目的是通过学习使同学们对网络工程系统集成的思想、网络工程中涉及的基本技术和概念有较深入的了解，并具备一定的网络故障分析诊断能力、网络安全分析管理能力和网络工程规划与实施能力，为今后从事相关工作和研究奠定理论和实践基础。

周颖杰 / 四川大学计算机学院（软件学院）

周颖杰，博士，毕业于电子科技大学通信与信息系统专业，曾在美国哥伦比亚大学、美国贝尔实验室总部做访问学者。2013 年 9 月加入四川大学计算机学院（软件学院），主要从事网络和数据挖掘方面的教学和科研工作。现为 IEEE 通信学会大数据技术委员会成员、智能电网通信技术委员会成员。

已在国内外学术期刊和会议上发表论文二十余篇；研究成果曾获著名技术评论杂志 MIT Technology Review 专题报道。2014 年获得四川大学青年骨干教师奖，2016 年获得四川大学大学生课外科技实践活动优秀指导教师奖和四川大学非标准答案考试命题优秀奖。

非标准化答案与开放性学习

四川大学计算机学院（软件学院）　周颖杰

非标准化答案的改革可以帮助学生打破思维定式，激发学生学习的主动性。

非标准化答案的命题应该具有开放性。自 2015 年起，“网络工程”这门课程开始尝试进行非标准化答案考试的教学改革。通过尝试让学生结合自身兴趣去选择具体题目，自主命题或自主选题，在一套合理的“游戏规则”下，去考查这个过程中学生的思维方式、获取信息的能力、表达能力、团队合作能力乃至创新能力。这种具有高自由度的命题能够帮助学生发掘专业兴趣，促进学生的自主性学习。

非标准化答案的考试模式也应该是相对开放的。这种开放性不仅体现在允许使用不同的方式去分析和解决问题，更在于能够激发学生的兴趣和主动性。在“网络工程”这门课程中，通过尝试让学生自主命题或自主选题，我发现，一方面，题目的自由度有效提高了学生完成选定题目的积极性；选定题目的差异性又使得学生有针对性地去进行思考。另一方面，在学生的探索过程中，通过分组报告、堂上交流、方案展示和小组讨论，适时地对原创性的想法给予鼓励和恰当的引导，提高了学生解决实际问题的能力。

在 2017 年春季的“网络工程”课程中，我继续采用了非标准化答案考试的形式。考试题目为“网络工程专题讨论报告 & 基于网络工程系统集成思想的行程设计”，提交形式为以小组为单位完成的课程设计报告。课程设计报告主要考查学生对网络工程相关技术和问题的调研综述能力，以及运用网络工程系统集成思想解决实际问题的能力，要求包含调研、设计、参考文献和小组成员贡献评述三个部分内容。其中，调研部分，给出了无线局域网、网络物理系统（Cyber-Physical Systems）和网络数据挖掘三个专题讨论方向，每个方向给出了具体的拟讨论内容列表；设计部分，要求在掌握网络工程系统集成思想的基础上，分析网络系统设计与行程规划的异同，并运用系统集成思想设计一个自选的具体行程；参考文献和小组成员贡献评述部分，要求列出调研、设计过程中查阅的参考文献并分别描述小组各成员在完成本小组全部工作中的具体贡献。

除了提交小组最终的课程设计报告外，自课程第四次课公布考试题目开始，通过进行一系列的教学互动和活动，一方面，帮助学生完成和完善本小组的工作；另一方面，对阶段性成果（如各组完成的调研综述工作）进行评价和讨论。这些教学互动和活动包括了查找文献、阅读技术论文和做学术报告讲座，对调研综述工作和设计方案进行交流讨论，对阶段性成果和最终成果进行展示交流，对各组口头报告进行评价和问答等。

“网络工程”课程近三年来在非标准化答案命题和考试模式方面的教学改革尝试，促进了学生的自主性、探索性学习，提高了学生对于实际问题的分析和解决能力。

考试题目

题目：

网络工程专题讨论报告 & 基于网络工程系统集成思想的行程设计

试题说明：

本课程设计主要考查对网络工程相关技术和问题的调研综述能力以及运用网络工程系统集成思想解决实际问题的能力，提交形式为课程设计报告。课程设计报告要求包含调研、设计、参考文献和小组成员贡献评述等内容。具体说明如下：

（1）调研部分：从“网络工程”三个专题讨论方向中选择一个感兴趣的题目，通过查阅文献和阅读研究论文，对该题目涉及的技术或问题进行调研和综述。本部分需包含对于调研内容或其中某一具体问题、技术的观点或思考。

（2）设计部分：在掌握网络工程系统集成思想的基础上，分析网络系统设计与行程规划的异同，并运用系统集成思想设计一个自选题目的具体行程。设计部分应包含以下内容：

①行程规划与网络工程中相关内容的异同比较。

●使用网络工程系统集成思想调研、分析、设计、验收时应包含内容的异同。

●网络系统设计各部分内容与行程规划中对应部分应考虑内容的异同。

②基于网络工程系统集成思想的行程规划具体内容。

●需包含项目概况、可行性分析、需求分析、项目逻辑设计、项目物理设计、项目安全设计、项目的测试与验收、项目总结与展望八个部分。

●测试与验收部分要求使用 google、bing 等提供的工具对相关的行程时间、费用等进行验证。

（3）参考文献和小组成员贡献评述部分：参考文献部分请列出调研、设计过程中查阅的参考资料、论文等；小组成员贡献评述部分主要描述小组各成员在完成本小组全部工作中分别做了哪些具体的事情、任务以及相关的组织、协调工作。

考试要求：

1. 课程设计形式：

●自由组合，3~4 人为一个小组 。

●各组通过查阅文献、阅读论文、小组讨论等，完成本组调研综述任务，并在堂上做分组报告后完成调研部分文档。

●各组在掌握网络工程系统集成思想的基础上，分析网络系统设计与行程规划的异同，运用系统集成思想设计一个自选的具体行程，并撰写有关文档。

●每个小组选一个组长，负责组织小组定期讨论、协调小组各成员的工作分配。

2. 课程设计讨论（用于帮助完善课程设计内容）：

●分小组讨论 。

◇堂下完成 。

◇由组长负责组织 。

●两次堂上交流 + 两次堂上分组报告。

◇两次堂上交流：第一次对各组的调研任务等进行交流、讨论；第二次对各组的初步设计方案进行交流、讨论。

◇两次堂上分组报告：第一次对各组调研综述工作进行展示；第二次对各组设计内容进行展示。

学生答案

学生答案一（节选）：

计算机学院（软件学院）

杨 旭 2014141462304 / 姚安邦 2014141462311

刘 宁 2014141462136

无线局域网安全综述 & 基于网络工程系统集成思想的美国夏威夷风情之旅行程设计

【摘 要】无线局域网（WLAN）与蜂窝网相比具有更高的传输速率和更好的灵活性。目前，WLAN 已经在大学校园、商场、机场和一些企业等得到了广泛的应用。下一代的移动互联网将是基于 Internet 的核心网络和具有移动 Ad Hoc 和无线 Mesh 网络功能的无线局域网。它们需要高效地融合有线和无线网络基础设施，以支持新的网络体系结构、协议和控制机制。然而，相比有线传输方式，无线传输介质带来了很多新的安全性问题。

本文对无线局域网的安全问题与安全策略进行了比较全面的调研综述，研究内容包括：WLAN 安全概念，WLAN 安全研究现状，WLAN 主要安全问题，WLAN 攻击手段，WLAN802.11i 安全体系结构框架、安全策略、入侵检测技术，WLAN 加密技术等。

同时，本文立足于网络工程的系统集成思想，本着将该思想推广到现实生活中的目标，以美国夏威夷风情之旅为实例，按照网络工程系统集成思想中的主要流程，设计、分析了此次"美国夏威夷风情之旅"行程规划的全过程。

【关键词】无线局域网安全 攻击手段 安全策略 入侵检测 加密技术 网络工程系统集成思想 行程规划

学生答案

1 无线局域网安全概述

1.1 无线局域网安全的概念

无线局域网是将无线通信和局域网结合起来，达到不用布线就可形成局域网的目的，从而实现网络资源共享。无线局域网和有线局域网的主要区别在于传输介质的不同，前者使用的是射频信号而非有线介质。无线局域网对于有线局域网所增加的安全问题主要来自传输介质方面[1,2,3]。

无线局域网的安全性通常需要考虑三个方面：一是数据加密服务，用来保障传输的数据只能被期望的用户接受和理解；二是访问控制服务（身份认证），用来保证敏感数据只能由授权用户访问；三是数据完整性服务，用来保证在站点和无线接入点之间传递的数据不被攻击者恶意修改。[1,2,3]

1.2 无线局域网主要安全问题

本文将主要从数据加密、访问控制、数据完整性、协议安全四个方面阐述无线局域网的安全问题。

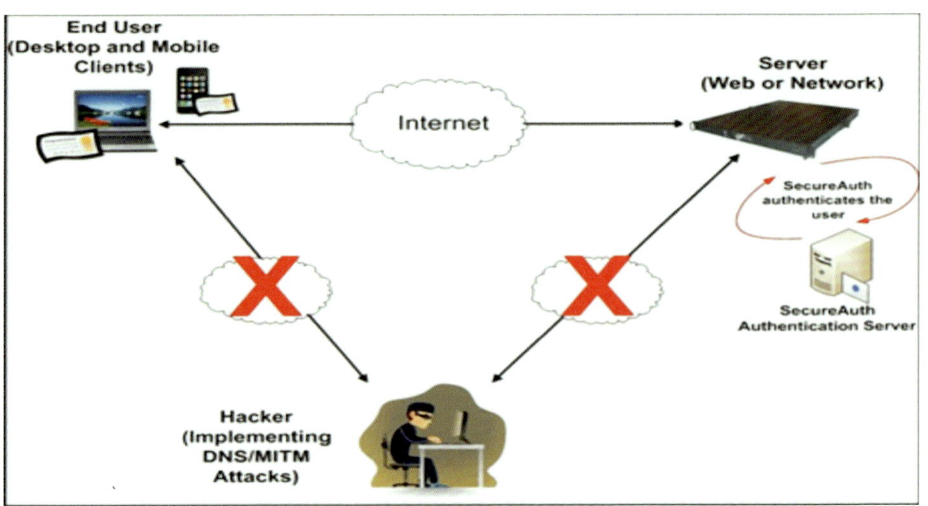

图 1-1　中间人攻击[6]

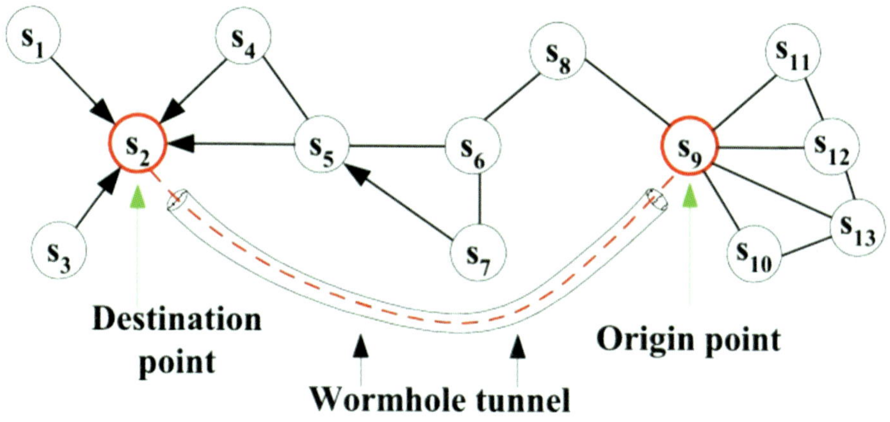

图 1-2 虫洞攻击[6]

……

4 基于网络工程系统集成思想的美国夏威夷风情之旅行程设计

4.1 项目概况

4.1.1 与网络工程中相关内容的异同比较

4.1.1.1 网络系统集成方法中项目概况内容

首先，需要说明项目背景意义或服务目标，例如是针对校园教育网还是企业公司内网，等等；其次，需要说明建设目标是满足教学、科研使用还是内部管理使用，等等；再次，需要说明设计原则是什么，如总体规划、分步实施，等等；最后，阐述本工程项目的特色，如技术先进性、高度的安全可靠性、良好的开放性以及可扩展性，等等。[17]

4.1.1.2 网络系统集成概况说明与行程规划概况说明异同比较

与网络系统集成概况部分相比，在背景意义及服务目标方面，行程规划侧重说明旅行的主题及适合人群；此外，在建设目标方面，网络系统集成侧重说明使用该

学生答案

网络工程的意义，而行程规划侧重于给出设计路线、景点活动、餐饮等项目时的原因，如费用最小化，起到教育意义，等等；最后，在阐述工程项目特色方面，网络系统集成侧重说明本项目在技术、安全性、扩展性等方面的优势，而行程规划侧重于给出行程方案在时间安排、餐饮住宿、景点活动安排等方面的优势。[17]

4.1.1.3 行程规划中项目概况应分析的内容

本行程规划中应包含如下内容：

（1）说明项目的内容主题、特色以及设计原则。

（2）说明项目的主要目标群体。

（3）说明项目的总行程时间。

（4）说明项目的总预算费用限制。

4.1.2 行程规划项目概况

4.1.2.1 行程规划项目主要内容主题

本次行程规划项目的主题为“美国夏威夷自然文化之旅”，行程内容包括历史教育回顾、自由购物、自然探索、休闲体验等。

4.1.2.2 行程规划项目主要目标群体

本次行程规划项目的主要目标群体是年轻情侣、新婚夫妇、亲子家庭。选择这些群体是因为我们的行程一方面既能让家长带着孩子回顾历史，也能游玩公园、恐龙自然保护区；另一方面，因为还有一些景点项目是绝美的自然风光，所以十分适合作为年轻情侣、新婚夫妇蜜月旅行之地。

4.1.2.3 行程规划项目预计总时间及预算总费用

本次行程规划项目预计总时间为七夜八天，总预算费用为人均 3 万人民币。夏威夷虽然分为冬、夏两季，但因地处热带，温度变化不大，终年为温暖明媚的天气，所以我们的行程春夏秋冬皆可。

……

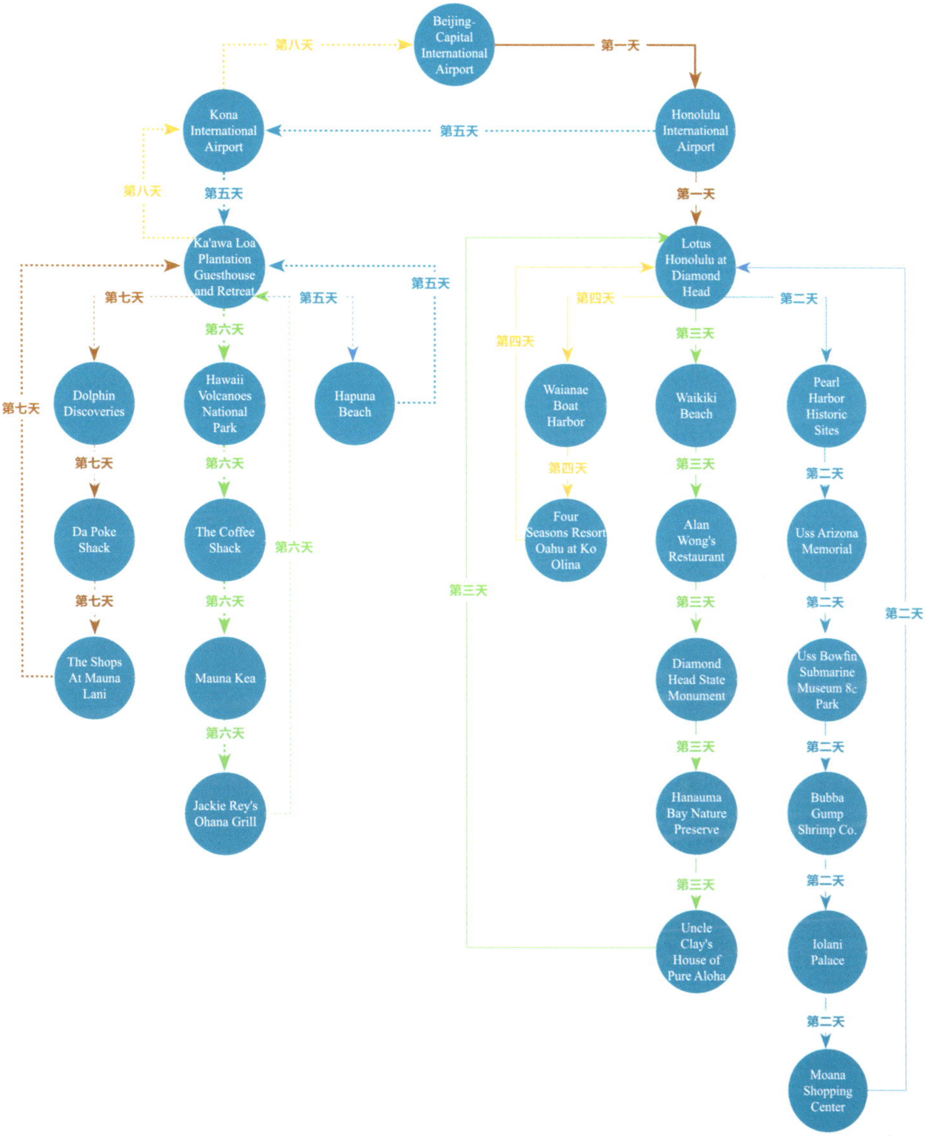

Beijing-Capital International Airport
第一天
Honolulu International Airport
第五天
Kona International Airport
第八天
第一天
Lotus Honolulu at Diamond Head
第五天
第八天
Ka'awa Loa Plantation Guesthouse and Retreat
第七天
第六天
第五天
第五天
第四天
第二天
第三天
第四天
Dolphin Discoveries
Hawaii Volcanoes National Park
Hapuna Beach
Waianae Boat Harbor
Waikiki Beach
Pearl Harbor Historic Sites
第七天
第七天
第六天
第四天
第三天
第二天
Da Poke Shack
The Coffee Shack
第六天
Four Seasons Resort Oahu at Ko Olina
Alan Wong's Restaurant
Uss Arizona Memorial
第七天
第六天
第三天
第三天
第二天
第二天
The Shops At Mauna Lani
Mauna Kea
Diamond Head State Monument
Uss Bowfin Submarine Museum & Park
第六天
第三天
第二天
Jackie Rey's Ohana Grill
Hanauma Bay Nature Preserve
Bubba Gump Shrimp Co.
第三天
第二天
Uncle Clay's House of Pure Aloha
Iolani Palace
第二天
Moana Shopping Center

图 4-1　美国夏威夷风情之旅的行程设计逻辑框图

……

学生答案

4.7.2.2 测试结果分析及依据

根据测试结果（行程时间、费用测试）可以看出：

（1）时间方面，虽然耗费在交通方面的时间超出了原计划，但是通过延后就餐时间，可以整体较为合理地完成所有的项目。

（2）流程活动方面，存在营业时间考虑不充分的问题，如对一些餐馆只提供晚餐或午餐了解得不够，导致到达餐馆时发现没有营业。

（3）交通方面，高估了夏威夷公共交通的发展程度，如夏威夷大岛没有岛内巴士。

（4）费用方面，在预算范围之内。

综合各个方面，整个行程规划可以执行，但是需要修改。

优化方案如下：

（1）交通方面，在交通相对发达的瓦胡岛上，选择岛内巴士与出租车相结合的方式。而在交通相对不发达的夏威夷大岛上，采用出租车与租车自驾相结合的方式。

（2）酒店方面，选择游玩景点之间的酒店，从而节约交通时间与费用。

（3）就餐地点方面，以景点为主，在景点附近寻找，并且留意 24 小时经营的快餐店，在出现目的餐厅不经营时，方便快速就餐。

（4）游玩项目方面：个别游玩项目可以省略，如水疗活动、夏威夷国家火山公园活动，因为水疗多为女性参与，而去国家火山公园路途较远，游玩时间远小于路途时间。

本次测试主要基于 Google Map、Trip Advisor（https://www.tripadvisor.cn）、携程网（http://www.ctrip.com）等相关商家的经营网站。下表为相关依据的具体陈列：

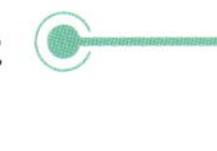

表 4-2　测试依据详表

项目	依据
第一天	
机票依据	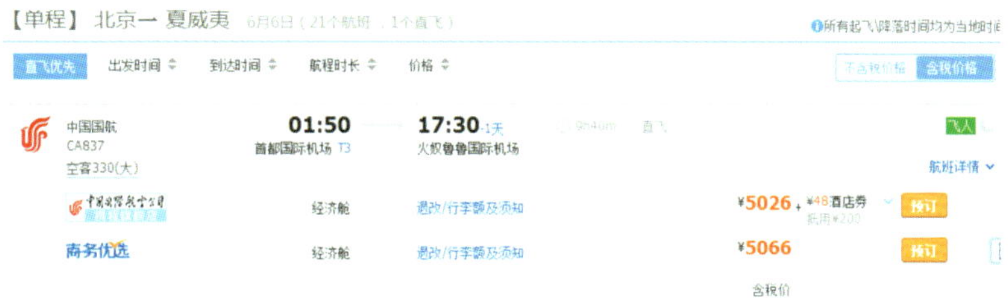 【单程】北京一夏威夷 直飞优先　出发时间　到达时间　航程时长　价格　含税价格 中国国航 CA837 空客330(大)　01:50 首都国际机场 T3　17:30 火奴鲁鲁国际机场　航班详情 经济舱　退改/行李额及须知　¥5026　预订 商务优选　经济舱　退改/行李额及须知　¥5066　预订 含税价
机场到宾馆依据	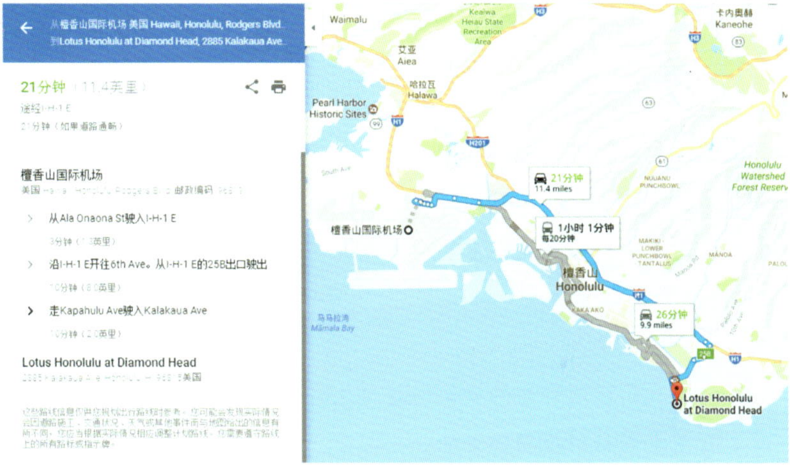 从檀香山国际机场 美国 Hawaii, Honolulu, Rodgers Blvd. 到Lotus Honolulu at Diamond Head, 2885 Kalakaua Ave. 21分钟 檀香山国际机场 从Ala Onaona St驶入I-H-1 E 沿I-H-1 E开往6th Ave。从I-H-1 E的25B出口驶出 走Kapahulu Ave驶入Kalakaua Ave Lotus Honolulu at Diamond Head Waimalu　艾亚 Aiea　哈拉瓦 Halawa　Pearl Harbor Historic Sites　卡内奥赫 Kaneohe　21分钟 11.4 miles　1小时 1分钟　檀香山国际机场　檀香山 Honolulu　26分钟 9.9 miles　Lotus Honolulu at Diamond Head

参考文献

[1] 马建峰，朱建明等．无线局域网安全——方法与技术［M］．北京：机械工业出版社，2007.

[2] 曹秀英，耿嘉，沈平．无线局域网安全系统［M］．北京：电子工业出版社，2004.

[3] 周武，陆晓文，朱近康．无线互联网［M］．北京：人民邮电出版社，2002.

学生答案

……

［6］李兴华，马建峰. WAPI 实施方案中的密钥协商协议的安全性分析［J］. 计算机学报，2006.

……

［17］陈鸣，李兵. 网络工程设计教程系统集成方法(第 3 版）［M］. 北京：机械工业出版社，2014.

附：小组各成员对小组工作的贡献评述

杨　旭：

1. 组织小组进行讨论和任务分工。

2. 负责文档排版整理。

3. 负责无线局域网部分的摘要、安全概念、安全体系结构、安全策略（1.6）与入侵技术检测的整理与讲解。

4. 负责夏威夷行程规划部分的项目概要部分、需求分析部分与物理设计部分。

姚安邦：

1. 参与小组讨论。

2. 负责无线局域网部分的安全问题与主要攻击技术的整理与讲解。

3. 负责夏威夷行程规划部分的摘要部分、可行性分析部分与测试验收部分。

刘　宁：

1. 参与小组讨论。

2. 负责无线局域网部分的国内外研究现状与无线局域网关键技术的整理与讲解。

3. 负责夏威夷行程规划部分的逻辑设计部分、项目安全设计部分与项目总结展望部分。

（注：1.7 节关于无线局域网安全的个人观点阐述部分为共同完成；各部分的负责人同时负责文档书写、PPT 制作与讲解。）

学生答案二（节选）：

计算机学院（软件学院）
尹诗涵　2014141013156 / 徐　藩　2014141013143
项　特　2014141013134 / 陈　露　2014141013008

无线局域网安全综述 & 基于网络工程系统集成思想的美国夏威夷风情之旅行程设计

【摘　要】本文分为四个部分，第一部分为无线局域网综述；第二部分为网络工程系统集成思想在美国人文之旅行程规划上的应用；第三部分为参考文献；第四部分为小组成员分工情况。

无线局域网综述部分，介绍了无线局域网的概念、特征和历史现状，无线局域网的网络拓扑结构，基于无线局域网的各种应用热点以及 CSMA/CA。

美国人文之旅行程规划部分，从项目概况、可行性分析、需求分析、逻辑设计、物理设计以及项目的测试与验收这六个方面进行深入的阐述。从网络工程系统集成的基本知识体系出发，进行课程相关知识点的简单介绍，进而将网络工程与行程规划进行类比，分析异同点，最后详细列出美国人文之旅行程规划的各项具体内容。

【关键词】无线局域网　系统集成　美国人文

学生答案

……

2 基于网络工程系统集成思想的美国人文之旅行程设计

……

2.3 需求分析

……

2.3.1.2 网络系统集成需求分析与本项目行程规划需求分析异同比较

（1）应用目标分析异同：

①相同点：都需要明确旅游群体的需求，即首先明确用户群体，再确定旅游整体路线和范围，以达到用户需求最大化。

②不同点：行程规划对于网络应用目标设计，需要考量各数据资源之间的高效连接和流通，即分部调控能力，但旅游景点本身之间的连通和部署对于旅行者而言是无意义的，我们不需要考量局部网络的维护和更新，而只需要得到某局部的最优解。

（2）设计约束分析异同：

①相同点：都需要考虑到很多政策约束，例如美国国会必须要预约才能进去，进去后不能单独行动，白宫附近不能留下任何包裹等；时间约束和用户应用目标约束也是需要着重考虑的地方。

②不同点：网络约束中需要与供应商沟通政策，且需要维护和测试系统等；但在行程规划中，我们只需要遵照相应政策且不用考虑测试模拟路线等的测试费用。

（3）通信流量分析异同：

①相同点：游玩地和目的地的选择也需要确定目标区域，以及两地之间的交通等。根据出行季节和具体时间的不同确定交通情况，以及判断未来交通流量的情况。

②不同点：网络通信中需要确认流量边界和逻辑边界等，即根据使用特定应用程序或者虚拟局域网等来划分用户群；而行程规划中主要针对物理边界来进行划分。

……

2.3.2 本项目需求分析

为了同时满足不同年龄阶段的人群需求，特别是年长人群，此次旅行的行程整体节奏不会太快，一个城市会逗留一天以上，以便有充足的休息时间，使旅行者保持较好的体力与精神。我们此次的主题是美国人文之旅，考虑到美国东部是美国的政治文化中心，我们将主要的游览地点设置在东部。

……

图 4-1　美国人文之旅的行程设计逻辑框图

学生答案

附：小组各成员对小组工作的贡献评述

尹诗涵：

在无线局域网的文献综述中，负责无线局域网的技术热点和应用热点，制作了相关的PPT，和其他组员一起进行了展示和课堂讨论。在行程规划中，负责需求分析和项目的总结和展望部分，并参与了整个行程的大致框架和思路的商量过程，撰写了相关部分的文档等。

徐　藩：

在无线局域网的文献综述中，负责无线局域网的概念、特点、历史及现状，制作了相关的PPT，和其他组员一起进行了展示和课堂讨论。在行程规划中，负责项目的物理设计部分，与项特共同完成项目的测试、验收部分，并参与了整个行程的大致框架和思路的商量过程，撰写了相关部分的文档等。

项　特：

在无线局域网的文献综述中，负责CSMA/CA的相关整理，制作了相关PPT，和其他组员一起进行了展示和课堂讨论。在行程规划中，负责项目的逻辑设计部分，与徐藩共同完成项目的测试、验收部分，并参与了整个行程的大致框架和思路的商量过程，撰写了相关部分的文档等。

陈　露：

在无线局域网概述中，负责WLAN拓扑结构部分；在美国人文之旅中，负责项目概述、可行性分析和项目安全分析。

学生答案一

第一组同学的报告较为全面地对无线局域网安全的主要方面进行了概述，他们使用网络工程系统集成思想进行了具体行程设计，并在模拟测试后给出了优化方案。

学生答案二

第二组同学根据具体行程的特点，分析该行程规划中系统集成思想的运用与网络工程中系统集成思想运用的差异，并给出了一系列详细的设计。

教师点评

以上两组同学的工作从自选题目到查阅文献、进行设计，再到课上展示、交流讨论，最终形成完整的课程报告，都是小组成员主动探索、密切合作的结果。尽管报告还存在一些瑕疵，但他们对系统集成思想已有了较为深入的理解。

近代化学基础（Ⅰ）-2

课程号：308115030

“近代化学基础”课程为 2003 年四川省精品课程，2014 年入选四川省精品资源共享课程。本课程是从一级学科——化学出发，整合、精简、优化及部分融合“四大化学”而成的一门工科基础化学课程。本课程主要内容为无机化学和分析化学。

周加贝/四川大学化学工程学院

周加贝，青年教师，开展 SPOC 与翻转课堂结合的混合式教学，培养学生自学能力和创新意识；独立制作微课视频，超过 1000 小时；通过游戏化教学提高学生学习的主动性，正在将混合现实技术应用于理工科教学，其教学经验已在校内外被推广；参加 7 门教学类集中培训班，同时拿到 5 门教学类在线课程优秀证书；作为导师协助校教师发展中心组织的新入职教师培训的部分工作；获第二届四川大学“探究式—小班化”教学竞赛工科组第一名，获 2017 年度四川大学十佳青年教师和化学工程学院化工之星等荣誉。

以学为中心，
非标准答案，为未来而教

四川大学化学工程学院　周加贝

以学为中心即以学生为中心，该观点源自美国教育学家杜威，强调尊重人的天性、心灵和遵循教育的规律。以学为中心，鼓励学生的个性化发展和培养学生学习的兴趣及其主动学习的精神与能力。

人类对未知事物的认知源于自然感官和理性思考，源自感官的知识受限于观察能力，因而古希腊哲学家认为理性的思考强于观察。16 世纪，笛卡尔定义科学乃基于数学的客观理性思考。理性主义教育观认为学习即掌握客观世界存在的原则和定律，其体现形式就是“以教师为中心”，强调记忆与被动接受，把教育看作标准化批量生产，忽略了学生的个性发展，亦缺乏从心理学层面对学生的关怀。这是一种专门用来培养工匠的教育，适应工业革命以后填补各种专业人力的需求。

理性主义教育观盛行的同期也诞生了强调学习过程的经验主义教育观，发展至 20 世纪诞生了人本主义教育观，强调人的尊严、价值、创造力和自我实现，教育的目标是要培养健全人的人格，需要积极的成长环境，同时也需要因材施教。从人本主义设计出发，有助于培养学生对学习的兴趣，进而培养其自主学习的能力。信息社会日新月异，牛津大学学者 Carl Benedikt Frey、Michael Osborne 曾在 2013 年 9 月发表专文指出，未来 20 年美国有 47% 的职业恐因自动化浪潮而消失。一方面，未来学生的职业生涯可能多次面临再就业的压力，需要有针对性地自主学习以适应新岗位，因此需培养大学生主动学习的能力，以学为中心。另一方面，对于未来可能出现的科技产品、商业模式和生活方式，其中相当一部分学生无法直接从历史中寻找答案，这就需要培养学生解决未知问题的能力，而采用非标准答案考核方式，可以锻炼学生在没有既定答案的前提下去寻找答案的能力，也培养了学生的创新能力。

近代化学基础是面向大化工类的工科新生的一门基础课程，授课内容主要包括：化学原理、化学平衡和元素化学。工科化学针对工科学生的特点，本着学以致用的精神，重视应用和实践，而这一思想体现在元素化学部分，则是机械记忆的内容较多，成规律成体系的内容较少，一直是教学过程中的难点。因此，从 2014 春季学期开始，我对这部分内容进行了教学改革，最终形成了课前 SPOC 预习 + 翻转课堂的混合式教学模式。

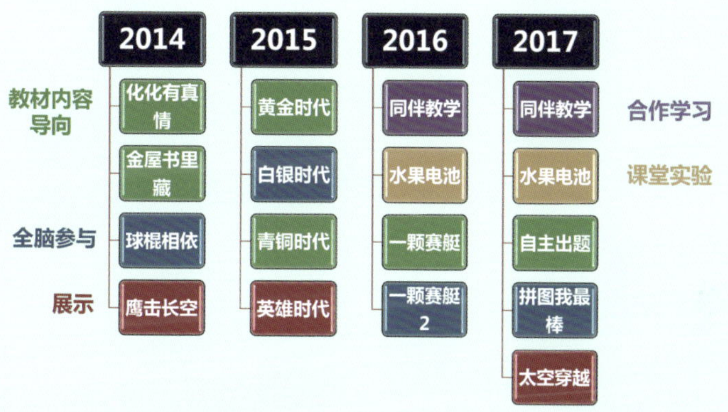

课堂教学改革要成功，就要改变学生的观念。经过十二年的应试教育，大部分学生对学习的热情已经有所减少，逐渐适应被动的学习。如何唤起大一学生对于学习的热情，这需要教师首先从自身做起，热爱学习的教师方能教出热爱学习的学生；同时贯彻学以致用的原则，将学生的未来和今日之学业联系起来；树立崇高的目标和使命感：教育的未来是主动学习与个性化发展相结合。如让学生结合课程所学知识设计外太空移民计划，是为了锻炼其独立思考能力，拓宽其视野，提高其创新和综合运用知识的能力；采用小组完成的方式是为了锻炼其团队合作能力。

考试题目

题目：

我的征途是星辰大海

试题说明：

根据所学元素化学知识，设计一个太阳系内行星或卫星的外太空开拓计划。

考试要求：

4~5 人一组，PPT 展示，由指导老师和同学共同打分。

学生答案

学生答案一（节选）：

材料科学与工程学院

从殿滋　2016141425018 / 祝嘉懿　2016141425037

李　智　2016141425011 / 王仁宽　2016141425030

蔡志伟　2016141425025

月球改造计划
——他改变了月球

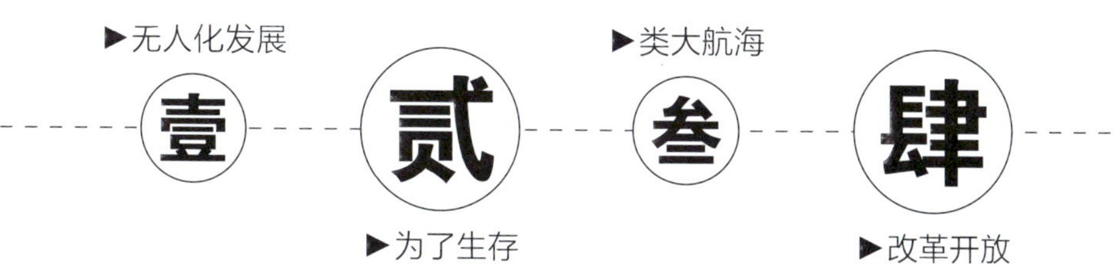

学生答案

一、月球是理想的第一站

自复制机器人	3D 打印	电磁弹射系统	改造镜
你先上我断后	泛材料自动化	快快快冲冲冲	反射太阳光提供热量

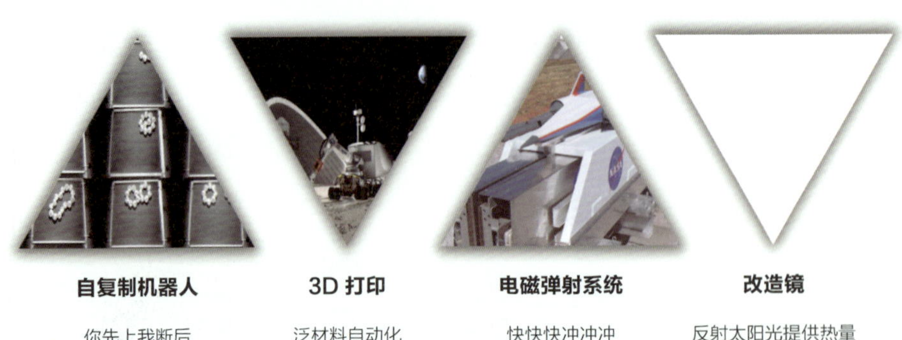

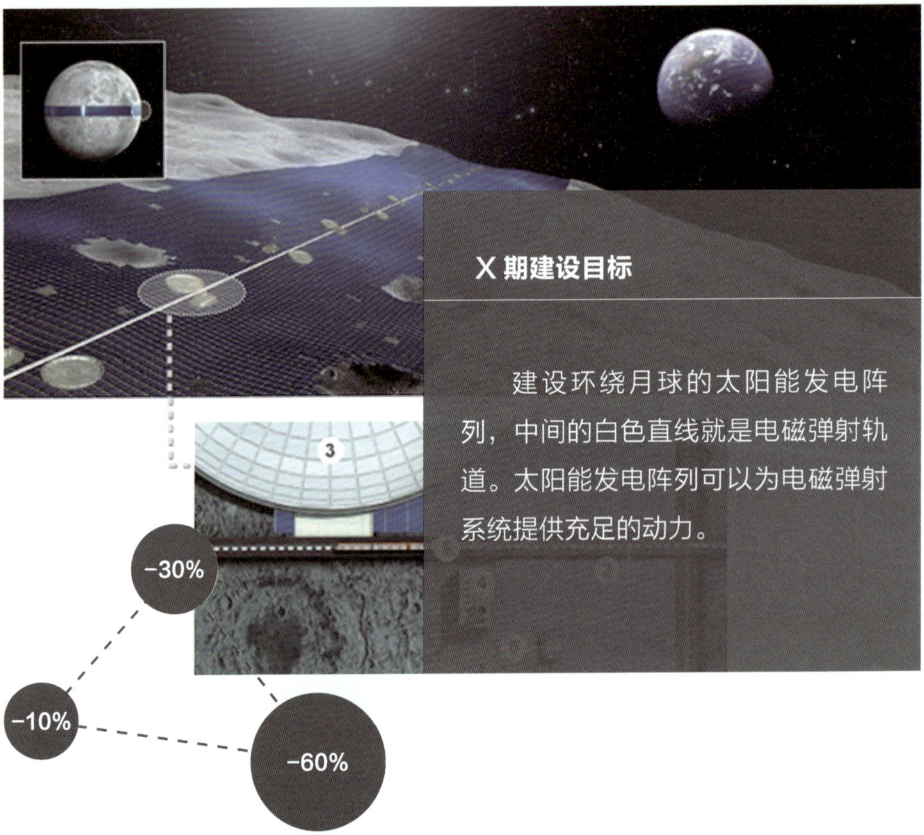
X 期建设目标
建设环绕月球的太阳能发电阵列，中间的白色直线就是电磁弹射轨道。太阳能发电阵列可以为电磁弹射系统提供充足的动力。
3
-30%
-10%
-60%

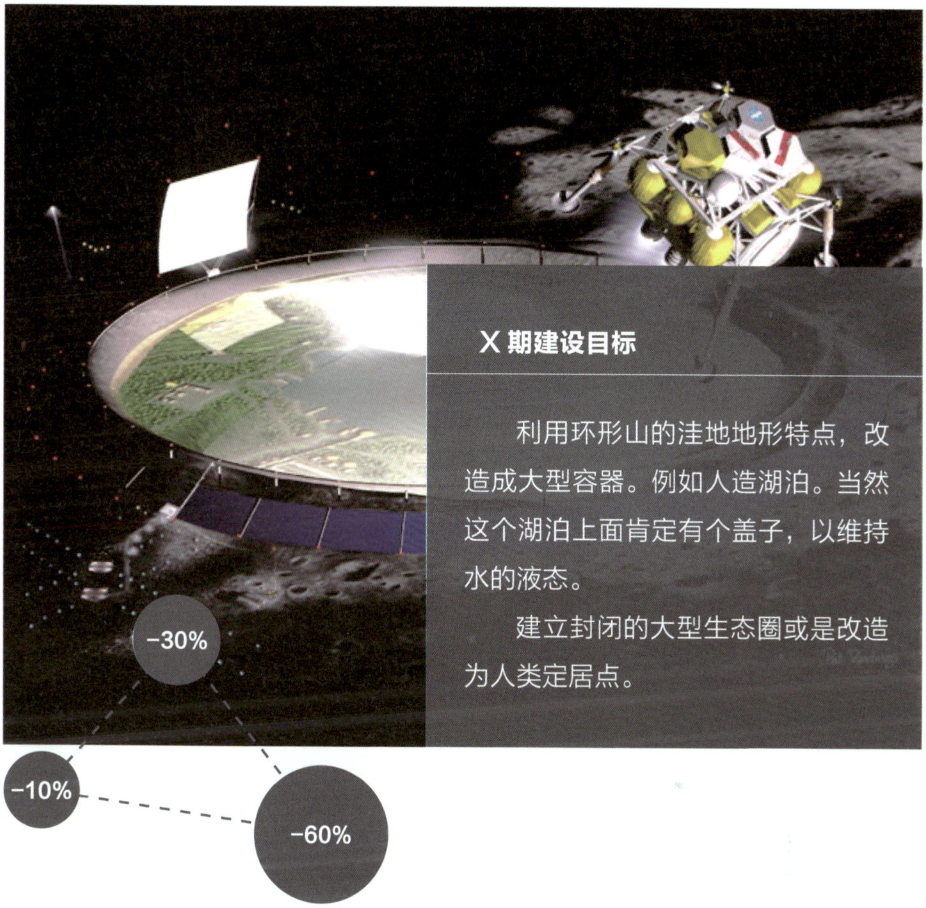

X 期建设目标

利用环形山的洼地地形特点，改造成大型容器。例如人造湖泊。当然这个湖泊上面肯定有个盖子，以维持水的液态。

建立封闭的大型生态圈或是改造为人类定居点。

−30%

−10%

−60%

二、月球人养成

计划农业
向赫鲁晓夫同志
“学习”

两极的水、环形山
绿洲
生态圈建设
车站计划

引力技术
地下城、虚拟社区、
穹顶之下

太阳风静电快速传输
系统电磁弹射
克隆身体、精神转移

学生答案

三、类大航海

激光武器

电磁武器

引力武器

死星计划

地下城建设计划

虚拟社区计划

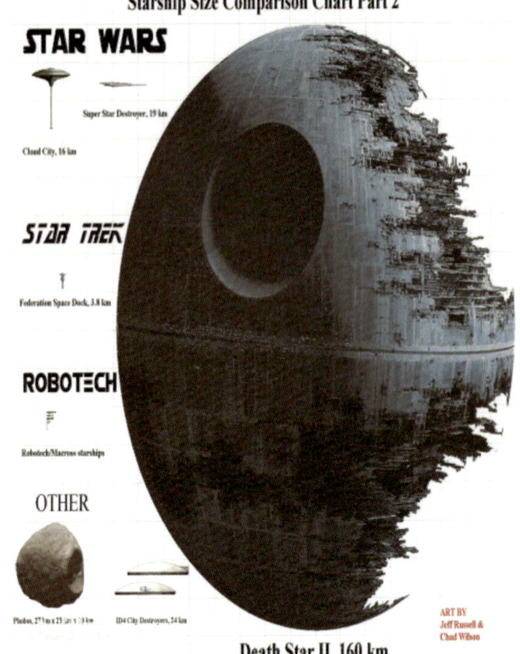

极地地区

有证据表明在极点附近的一些连续阴影的地方存在水。

储备能量：电力收集站、氢燃料电池。

赤道地区

由于太阳风具有较高的入射角，月球区域可能具有更高的氦-3浓度（地球上罕见，但是在核聚变研究中很受追捧）。他们也享有超级月球交通的优势：由于月球旋转缓慢，发射材料的旋转优势轻微。

远侧

深空探测

月球熔岩管

作为月球表面恶劣环境的避难所，熔岩管由于获得附近的资源，为避难所提供了理想的位置。

发展经济

为了部落

太空车站

为了联盟

抢占拉格朗日点

诸君，我喜欢战争

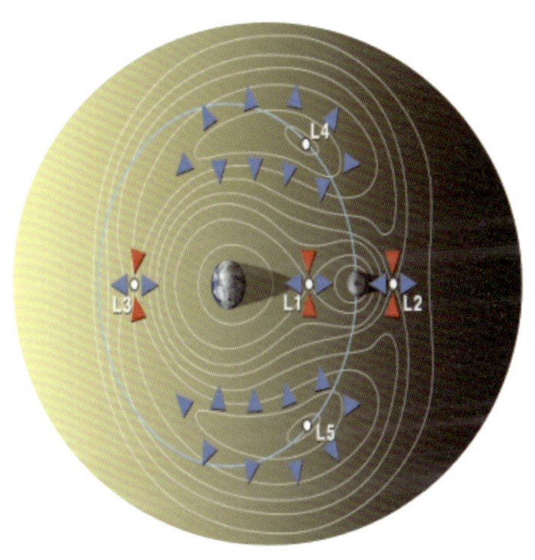

在L1－L5处，地球和月球之间的重力刚好互相抵消，特别是L1、L2点，可以最低限度地消耗运输所需的燃料。

拉格朗日点空间站

L1位置对于太阳能观测是有用的，因为它靠近地球，在恒定的阳光下，它也可用于收集太阳能。相反，L2点永远处于地球的阴影之中，因此提供观察外行星或深空的主要位置。L4和L5殖民地可以作为在太空遨游的航点，以扩大实际发射窗口，便于往返地球和其他行星。这些位置对于殖民地是有用的，因为它们是稳定的，不需要驻扎。

学生答案

学生答案二（节选）：

材料科学与工程学院

孙　东　2016141425003 / 陈　曦　2016141425007

陈　然　2016141425026 / 王　天　2016141425031

欧飞洋　2016141425043

土卫四改造计划

——Maybe one day we will call it—home

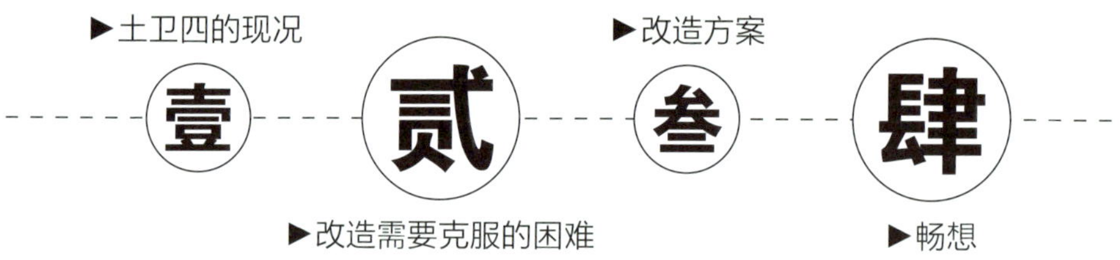

一、土卫四现况

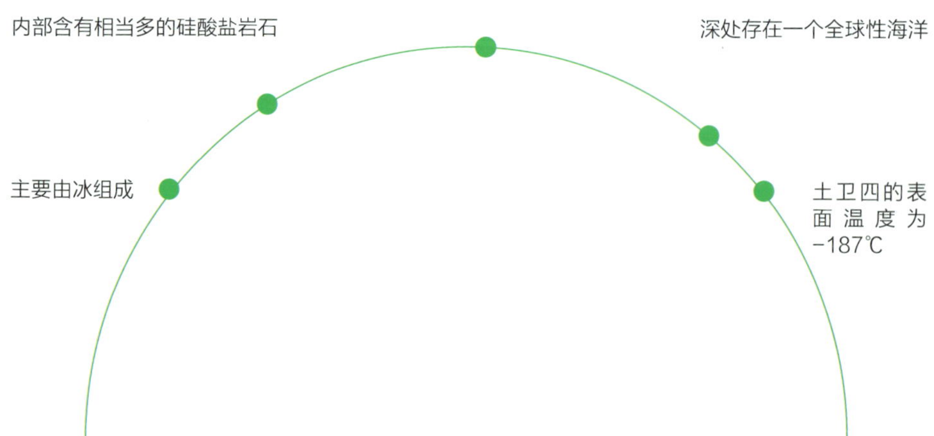

二、改造需要克服的困难

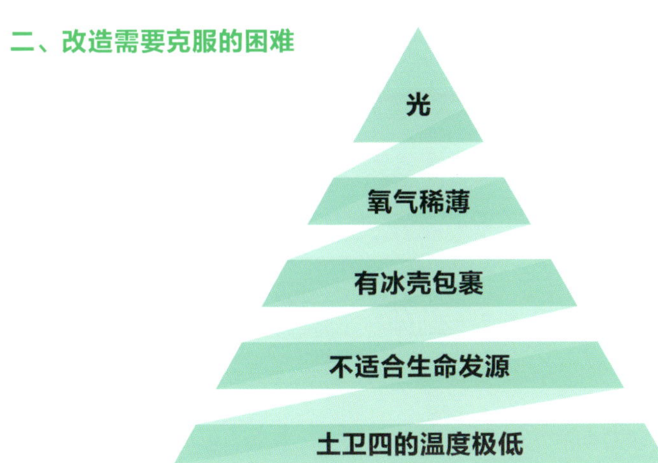

三、改造方案综述

可调节式凸透镜

将可调节式的巨大凸透镜（类似人体的晶状体）放进土卫四同步卫星轨道使达到聚焦的效果。

耐低温的海洋植物

耐低温的海洋植物产生氧气和有机环境。

生物引进

引入低级生物，引进土壤发展低级生态环境，建造低级生态系统。

学生答案

四、改造方案完善

五、畅想

学生答案三（节选）：

材料科学与工程学院

张小凤　2015141425037 / 涂婉莹　2015141425024

石旺华　2016141425014 / 杨鹏立　2016141425032

邓伟平　2016141425027

殖民金星

一、自转与公转

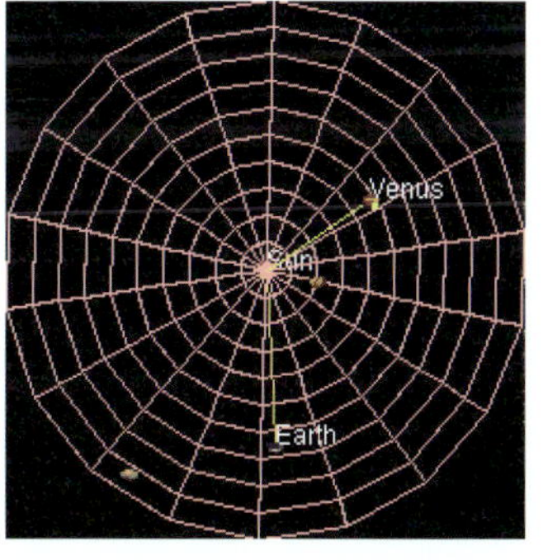

类地行星大小、质量、体积

太阳向外的第二颗行星（地球内侧）

公转周期为 224.71 地球日

所有行星中自转最慢的

退行自转，太阳从西边升起从东边落下

一天比一年久，金星一天 =243 地球天，金星一年 =224.7 地球天

学生答案

二、大气层

大气组成：96%CO_2，少量 N_2，无 O_2

大气压是地球的 92 倍

浓厚的云层：二氧化硫和硫酸

发射和散射 90% 阳光

从地球看金星永远比任何恒星明亮（除了太阳）

（此处有歌声～夜空中最亮的星）

但由于厚厚的硫酸晕，在金星表面是看不见太阳的

三、气候

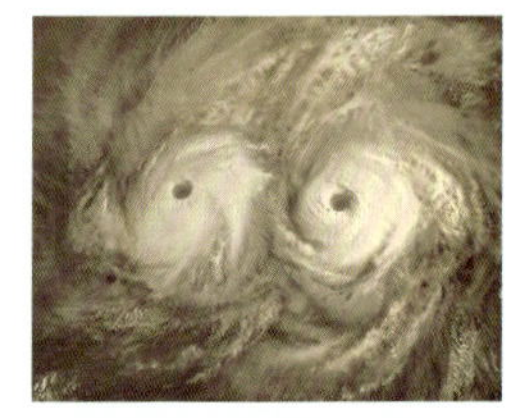

太阳系最强大的温室效应

温度 735K

太阳系最热行星

不管是白天、黑夜，还是赤道和两极，温度是一样的

云层风速是地球的 60 倍，比地球上最快的龙卷风还要快，四天就能绕金星一周[凌乱中 ┌(。Д。)┐ …]

四、殖民金星

步骤一　加水

从某个气态巨行星或它们卫星上的冰层里采集氢气，用氢气引爆金星大气层，爆炸引发的化学反应会生成石墨和水，后者会降落到星球表面形成覆盖约 80% 行星表面的海洋。

步骤二　降温

用一群小型太空飞船挡住照射到行星表面的阳光，或者直接用一面巨型反射镜把阳光发射回太空，以此全面降低地表温度。

步骤三　增加自转速度

用天体去碰撞金星表面或用直径大于 96.5 千米的天体近距离飞掠；或者用质量加速器或动态压缩装置产生加快金星自转所需的力。

同学们积极认真地完成非标准答案大试题，表现出良好的创新能力和小组合作能力。这几个作品的共同优点是 PPT 制作精良，且同学们在讲述的时候条理清晰。

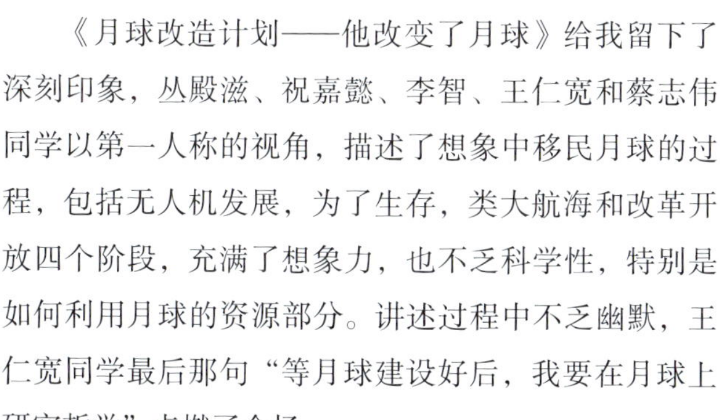

《月球改造计划——他改变了月球》给我留下了深刻印象，从殿滋、祝嘉懿、李智、王仁宽和蔡志伟同学以第一人称的视角，描述了想象中移民月球的过程，包括无人机发展，为了生存，类大航海和改革开放四个阶段，充满了想象力，也不乏科学性，特别是如何利用月球的资源部分。讲述过程中不乏幽默，王仁宽同学最后那句“等月球建设好后，我要在月球上研究哲学”点燃了全场。

《土卫四改造计划——Maybe one day we will call it—home》是孙东、陈曦、陈然、王天和欧飞洋同学的优秀作品，副标题“Maybe one day we will call it—home”（或许有一天我们可以叫这里家）展现出了这部作品的情怀。方案部分科学地分析了土卫四的现状，从化学角度讨论改造的难点，最后发出了在土卫四生活的畅想。

《殖民金星》的作者是张小凤、涂婉莹、石旺华、杨鹏立和邓伟平。他们重点从化学角度分析了金星的特点，以及从化学角度分析如何改进金星的生态圈，亮点是说明了添加氢之后产生的一系列化学变化。

物理化学（I）-1

课程号：308168030

课程简介

“物理化学”是从物质的物理现象和化学现象的联系入手来探求化学变化基本规律的一门科学，又称为“理论化学”。其与无机化学、有机化学和分析化学并称“四大化学”。其典型特点是“三多一难”，即：公式多、概念多、推导多，学习困难。因此，在教学内容设置、教学方法改革、考试方式改进、教学成效提升方面需要开展大量工作。

朱　权／四川大学化学工程学院

朱权，理学博士，教授，博士生导师，四川大学燃烧动力学中心副主任。教育部新世纪优秀人才，四川省学术与技术带头人后备人选，中国化学会燃烧化学专委会委员（秘书），中国高等教育学会工程热物理专业委员会理事。

近年来，在 SCI、EI 等期刊发表论文四十余篇。主要从事发动机的燃烧冷却系统、燃料高温热物性测试、燃料裂解反应机理构建及动力学模拟方面的研究工作。教学上，主要承担省级精品课程“物理化学”和研究生课程“计算化学”的教学任务，曾荣获四川大学课堂教学质量优秀奖。秉承“学以致用、有教无类”的教学理念，努力推进小班教学改革，分别承担四川大学和四川大学化学工程学院教改项目两项，深入探索在物理化学教学中培养学生科研思维能力的方法。

非标准化答案考试在提升素质教育水平中的作用

四川大学化学工程学院　朱　权

作为一名从事公共基础课教学的高校教师，我时常问自己一个问题：高等学校教育的目的是什么？著名教育学家叶圣陶曾说过："学是为了终身受用，教是为了不教。"这在一定程度上很好地诠释了教育的真意，回答了教育的目的这个问题。同时，也对教师的教学水平、教学理念和考核方式提出了相当高的要求。怎么样才能达到这样的教学效果呢？经过长期摸索实践，发现非标准化答案的考试方法是解决问题的有效途径之一。

为提升素质教育水平，从小学到高中的教育虽处在不断的改革之中，但是在评价的公平、公正和公开方面，标准化答案的应试教育模式仍然占据主导地位，因而，学生在进入大学之后，依然习惯于传统的模式，不利于学生学习的创新性、思辨性和主动性等能力的培养。如何打破传统的标准化答案的应试教育模式，逐步、有序和分层次地引入非标准化答案的考核方式，是大学教育改革需要重点研究的问题，也是提升素质教育的关键步骤之一。

本人从事的是“物理化学”公共基础课的教学，这是一门概念多、公式多和推导多的理工科基础课程，理论性、基础性和逻辑性非常强。同时，该课程又包含了热力学和动力学等众多方面的内容，这就使得学习难度更大，很多学生在学习的过程中，容易局限于公式、定理中，很难从整体上把握整个课程，不利于知识的融会贯通。而由于过去一直采用标准化答案考试，也在一定程度上导致了学生很难从公式和定理中跳出来，达到触类旁通的教学效果。

而事实上，“物理化学”作为化工原理、化工工艺、高分子化学、化工机械等众多课程的基础课程，实际上具有很强的应用性。因此，我时常思考，能否从应用出发，改变考核的方式和手段，促使学生反向思维，思考公式、定理的出发点和应用性，形成对知识的整体把握，达到良好的教育效果呢?

因此，在近几年的教学中，我采用了以下非标准化答案的考核方式。具体考核形式为：口头答辩 +PPT 课件 + 提问回答。具体组织形式为：（1）总体要求：大班教学、小班研讨；（2）小组分配：我的一个班一般有 80~100 人，分成 12 个小组，每个小组 6~8 个人左右，经自我推荐或民主推荐产生各小组组长，负责整个研讨过程的组织筹备工作；（3）前期准备：每个人根据集体讨论、组长分配的具体分工，开展各自的文献调研、PPT 制作、PPT 修改和试讲等工作；（4）协调工作：教师和助教负责具体答辩和提问过程的筹备、组织和总结等工作。考核的基本要求为阐明三个基本问题：为什么要做课题?（对课题的研究现状进行总结）为什么要我做?（阐述对课题的理解和概念的掌握）要我怎么做?（结合理论基础，提出可行的研究方向及方案）考核的评分标准为：口头答辩得分 +PPT 制作得分 + 同学提问得分 + 组员回答问题得分。

采用上述考核方式，形成了积极竞争的学习氛围，充分调动了学生学习的积极性和主动性，促进了学生对知识的掌握从点向面的发展，同时，也帮助学生初步形成和具备一定的科研思维和科研素质，授之以渔，有助于提升学生的学习能力和改进学习方法，提高素质教育的水平。

考试题目

题目：

超临界流体性质及其应用

试题说明：

超临界流体是热力学范畴内的一类特殊现象，具有许多特殊而实用的性质。其研究涉及了热力学状态的定义、物质相态的判定和物理化学许多相关基础概念的理解，比如：对比状态原理、普遍化压缩因子图等。

围绕超临界流体及其应用，自拟题目，重点从物理化学的热力学状态函数的角度阐述基本概念和物理图像，在此基础上阐述其具体的性质和应用方向。请广泛查阅课外的书籍和相关文献，提出新颖的看法和观点，不允许采用上课讲述的例子。

考试要求：

阐明三个基本问题：超临界流体的具体定义和热力学状态描述方式（即，基础概念是什么？）；超临界流体的具体性质和潜在用途（即，性质和用途之间的关系是什么？）；结合理论基础，提出可行的研究方向及方案（即，如何开展进一步的研究？）。

学生答案

学生答案一（节选）：

化学工程学院

组长：田梦怡　2015141496043

组员：郭志宇　2015141494035 / 姚　锐　2015141496062

颜志超　2015141496058 / 杨盛悦　2015141496061

朱汉舟　2015141496069 / 杨京威　2015141496060

吴　霄　2015141496053

超临界流体 SCF——杀菌作用

什么是超临界流体？

超临界流体之三相变化

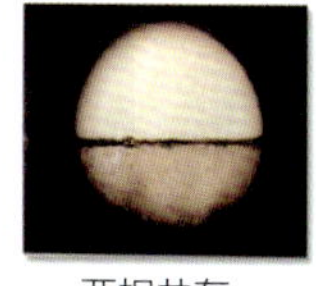

两相共存

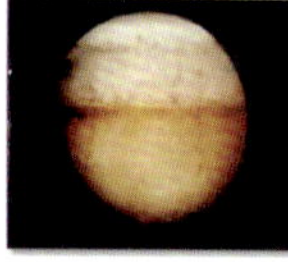

次临界状态

超临界状态

学生答案

一、背景概念：SCF

超临界流体 SCF 特点：

一旦物质进入超临界流体状态，即呈现介于液态与气态之间的稳定、特殊相态，无法完全归类于液体或气体任一范畴，却又同时具备了两者的物质特性。

气体状态性质	液体状态性质
低表面张力	高溶解度
低黏度	高密度
高扩散性	如溶剂般可操控

最佳环保替代品

二、背景概念 :SC-CO_2

◇ CO_2 在接近常温及常态大气压力的条件下，轻易即可达到超临界控制点。

（P_c=73.8bar, T_c=31.1℃）

◇易于取得，费用便宜，安全性高。

◇无毒、无色、无臭、具有不燃性、不产生光化学反应。

◇对环境友善（不破坏臭氧层、无烟雾）。

◇易于回收再使用。

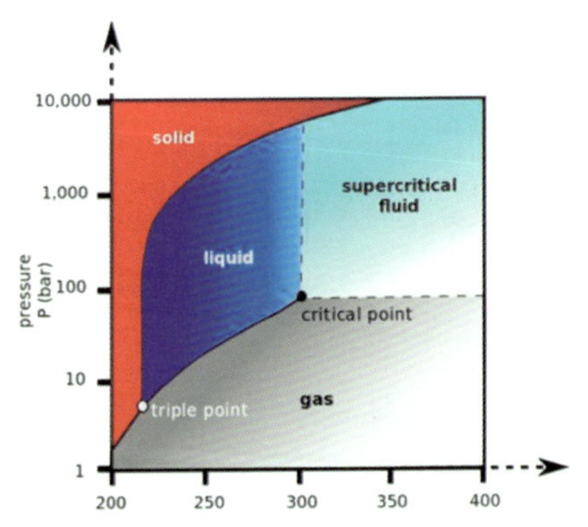

三、背景概念：灭菌

传统灭菌方法	
过热蒸汽 微波 紫外线 放射线 加热	生物物质变性 食品质量下降 有争议

SC-CO_2灭菌	不需要额外操作，在萃取过程中同时进行。 避免高温处理造成的食品营养、质构、风味、感官等品质的劣变。 节能、无毒、环保。

关于 $SC-CO_2$ 灭菌实验

一、$SC-CO_2$ 中微生物的活性

$SC-CO_2$ 的压力在 7.38MPa 以上，微生物在这种高压、高渗透等极端条件下，其生理活性和对底物的转化能力将受到很大影响。

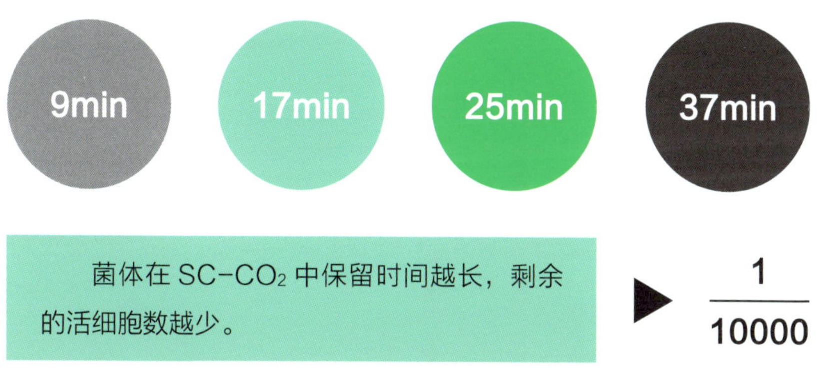

Cathy 的实验

二、猜想原理

◇二氧化碳溶解于微生物外部的介质中；

◇细胞膜的改性；

◇微生物细胞内部 pH 值的降低；

◇细胞内部 pH 值的降低引起关键酶的钝化，进而使细胞内的新陈代谢受到抑制；

◇分子态二氧化碳和碳酸氢根离子对新陈代谢的直接抑制效应；

◇微生物内部的电解质平衡被打破；

◇细胞或细胞膜中重要组分的流失。

学生答案

Garcia-Gonzalez 的猜测

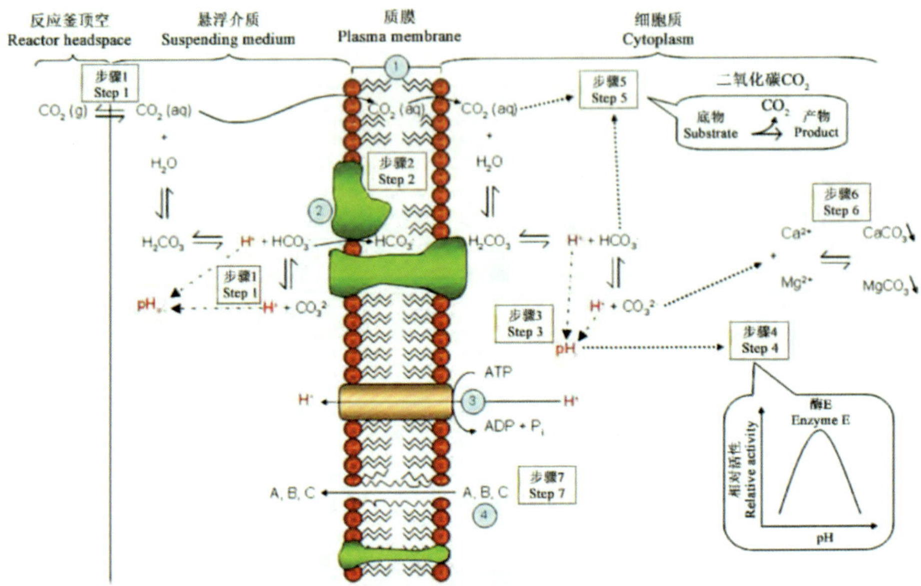

三、细胞破壁技术

细胞破壁是生物下游处理过程中回收内酶和重组 DNA 蛋白的重要步骤。$SC-CO_2$ 的以下性质有利于细胞破壁：

在近临界点，$SC-CO_2$ 的微小压力变化导致其体积变化很大，可破坏较厚的细胞壁。

$SC-CO_2$ 对细胞壁中的少量脂类有萃取作用，会破坏细胞的化学结构，生成较大的细胞碎片，易于分离。

由于 CO_2 的节流膨胀，温度迅速降低，可防止因温度升高而引起的失活。

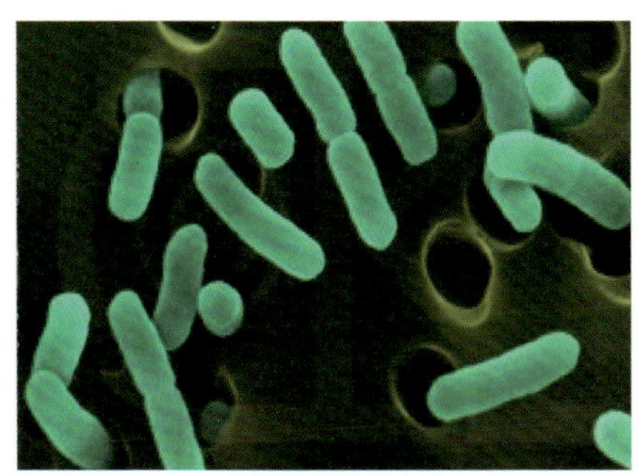

破壁前

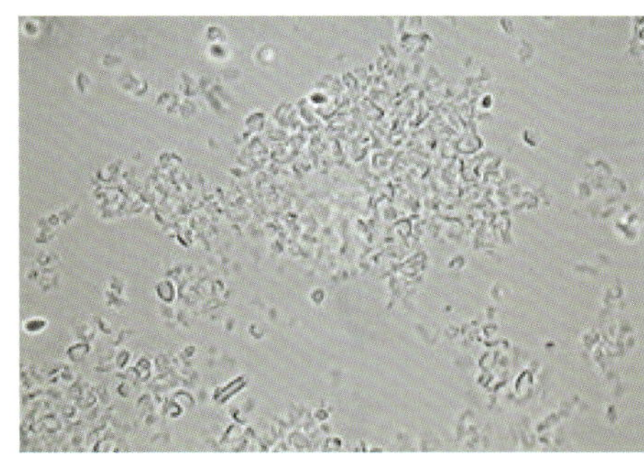

破壁后

酵母菌破壁前后

四、SC-CO_2 对芽胞的杀菌机制

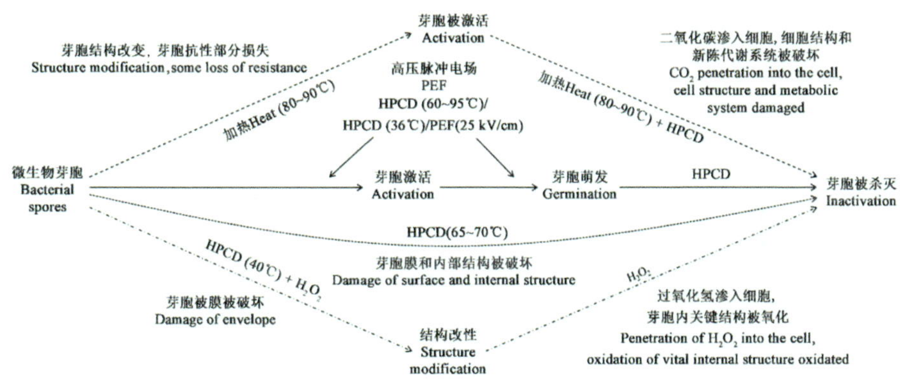

Possible inactivation mechanisms of HPCD on spores

学生答案

五、用 SC-CO_2 对酶制品进行灭菌

酶	微生物	酶的活性（%）	活菌比
α－淀粉酶	大肠杆菌	121	5.2×10^{-5}
	发面酵母	135	3.6×10^{-3}
脂肪酶	大肠杆菌	88	8.9×10^{-5}
	发面酵母	78	4.7×10^{-3}

处理条件：压力为 20.26MPa, 温度为 35℃，时间为 2h。

不足及展望

营养体：不知道是细胞代谢途径中哪个环节受到 SC-CO_2 影响。
芽胞：缺乏大量的数据支持，仍然无法确定准确的机制 。

微生物的亚致死状态给食品安全带来严重隐患。SC-CO_2 处理后细胞响应逆境进入亚致死状态及完成复苏的关键信号通路需进行研究。

液态食品（如蔬菜汁、 果汁）的 SC-CO_2 杀菌在国外已经实现商业化。固态食品的 SC-CO_2 杀菌仍需大量实验研究。

参考文献

［1］Fraser D. Bursting bacteria by release of gas pressure ［J］. Nature，1951，167：33–34.

［2］Garcia-Gonzalez L，Geeraerd A H, Spilimbergo S，et al. High pressure carbon dioxide inactivation of microorganisms in foods：The past, the present and the future［J］. International Journal of Food Microbiology，2007，117（1）:1–28.

［3］Rao L，Bi X，Zhao F，et al. Effect of high-pressure CO_2 processing on bacterial spores［J］. Critical Reviews in Food Science and Nutrition ，2015，DOI：10.1080 /10408398 . 2013 . 787385.

［4］Hurst A. Bacterial injury：A review ［J］. Canadian Journal of Microbiology，1977，23（8）：936–944.

［5］Sambasive R Allude. Solubility parameters of supercritical fluids［J］. Industrial and Engineering Chemistry Process Design and Development ，1984，（23）：344–348.

［6］Cathy E Fabre, Jean Stephane Condoret, et al. Extractive fermentation of aroma with supercritical carbon dioxide［J］. Biotechnology and Bioengineering ，1999，64（4）：392–400.

［7］侯志强，赵凤，饶雷，等. 高压二氧化碳技术的杀菌研究进展［J］. 中国农业科技导报，2015（5）：40–48.

［8］孙爱友，贾士儒，杨扬. 超临界流体技术在生物工程中的应用［J］. 天津轻工业学院学报，2001，16（4）：14–16.

学生答案

学生答案二（节选）：

化学工程学院

组长： 龙 涛 2015141496027

主讲： 徐秀珍 2015141496055

资料收集与整理： 梅涛平 2015141496028 / 梁锡宏 2015141496024

于程远 2015141494138

PPT 制作： 夏芙蓉 2015141494123 / 薛梦婧 2015141494129

SF 四环素

一、四环素的理化性质

作用于病灶

抑菌、杀菌

水溶性

抑菌

迅速、广谱

毒性小

二、四环素类物质的结构

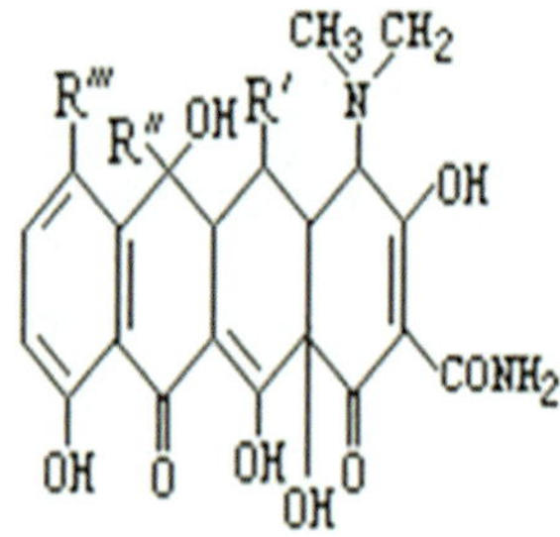

R′=R″=H，R‴=CH_3：tetracycline
R′=O，R″=CH_3，R‴=H：oxytetracycline
R′=H，R″=CH_3，R‴=Cl：chlortetracycline
R′=R″=H，R‴=Cl：demethylchlortetracycline

tetracycline 四环素
oxytetracycline 氧四环素（土霉素）
chlortetracycline 金霉素
demethylchlortetracycline 去甲金霉素

三、四环素超细化后的优势

- 改变给药方式 强化给药效果
- 控制释放 减轻痛苦
- 充分发挥药效 减小毒副作用
- 保留活性 提高药效

四、传统制备超细颗粒的方法

五、传统制备超细颗粒的劣势

六、超临界流体制备超细微粒技术的优势

低温保持活性、污染小

粒径分布均匀

七、超临界流体膨胀减压（SFED）过程的优势

- 连续操作，时间短，流程简单，易收集且产量高
- 适于脂溶性且适于水溶性药物超细微粒的制备
- 粒径分布均匀
- 改善微粒的干燥效果，不改变性质和结构

八、SFED制得四环素的特点

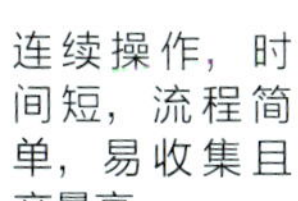

- 无污染的干燥粉体
- 可设计颗粒大小和形状

学生答案

九、SFED 的原理

十、SFED 流程

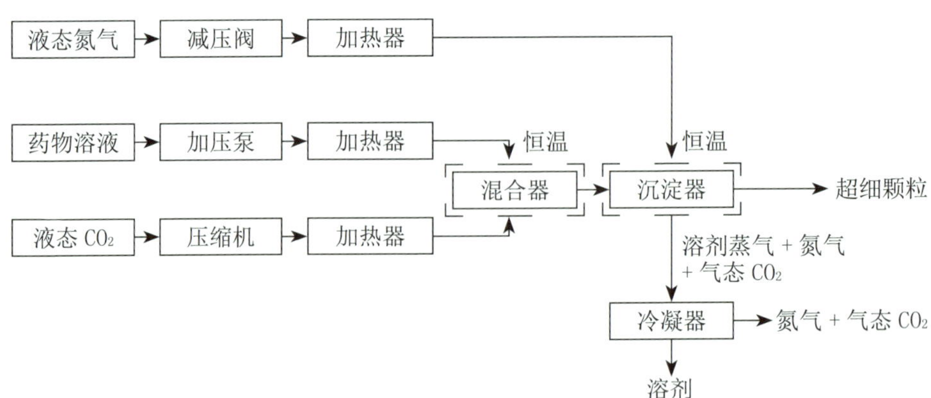

十一、SFED 流程装置图

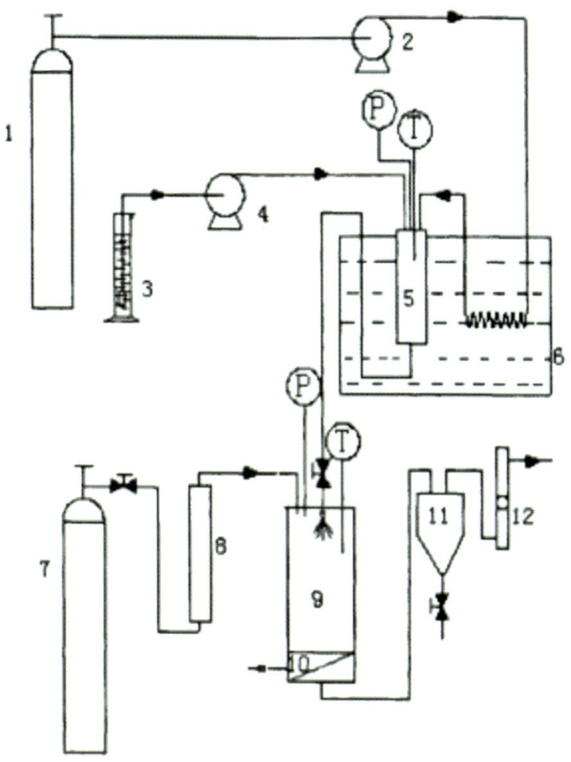

图 4.1 SFED 过程装置示意图

1-CO_2 气瓶；2- 隔膜压缩机；3- 溶液容器；4- 高压泵；5- 混合器；6- 水浴；7-N_2 气瓶；8- 热交换器；9- 析出器；10- 分离器；11- 冷凝器；12- 转子流量计

学生答案

十二、反应条件与设备参数

学生答案一

首先从超临界流体的定义和性质出发，阐明了超临界流体的特点。针对 CO_2 超临界流体的特殊性质，详细说明了其在杀菌过程中的应用和具体机理，充分体现了化学和生物学的知识交叉，并对进一步研究提出了展望。对于大二的本科生来说，达到了强化对概念的理解，锻炼科研思维的目的。学生具有很强的演讲表达能力，获得了阵阵掌声。

学生答案二

首先从四环素的药效出发，提出超细颗粒超细化制备的意义，同时分析了该研究对超临界流体制备方法的需求，分析了超临界流体的性质和特点，提出了具体的制备方案。该答案体现了化学和材料学的知识交叉，加强了学生对超临界流体概念和应用的认识，锻炼了学生演讲答辩能力。答案紧扣课堂知识且具有新颖性，获得了教师和学生的一致好评。

设计与构成

课程号：309206040

课程简介

“设计与构成”是针对轻化工程革制品设计的一门专业基础课程。为了适应轻化工程革制品设计的特点，该课程主要由平面构成、色彩构成、立体构成与装饰图案设计四个部分构成。本课程在平面构成部分，要求学生掌握平面构成的内容构造元素、造型构造元素，如造型构建、视觉比例、图文设计；形式构造元素，如构图形式、基本形式、扩展比例等，在二维空间范畴内有一定的审美意识和一定程度的能力。在色彩构成部分，要求学生掌握色彩的基本属性和特点，对色彩构造元素、色彩搭配、色彩和形状互动、色彩与其他感官（如听觉、味觉等）感受之间的通感表达，让学生理解和感受色彩的作用、意义和魅力。在立体构成部分，通过理论教学，全面地向学生讲授立体构成及各类立体形态设计之间的相互关系，使学生提升抽象的造型构思能力，建立一种全新的造型观念，从而促进专业的设计水平。在装饰图案设计部分，通过课程的学习，使学生了解装饰图案艺术的历史演变、基本特点、装饰语言等基础知识，掌握装饰图案造型、构成的基本规律和各种表现手法，能独立地进行装饰图案创作，并运用于专业设计中。

姚云鹤／四川大学轻纺与食品学院

姚云鹤，坚持把教学工作放在首位，每年承担 300 学时以上的教学任务。指导本科生参加国内外专业赛事获得设计大奖 90 余项，担任近 10 届学分制指导教师，每年指导学生创新创业活动、发表学术论文，悉心指导学术性社团。

主持多项教改项目，并发表教改论文数篇。获得过四川大学课堂教学质量优秀奖、四川大学学术型社团指导教师优秀奖、四川大学大学生课外科技活动优秀指导教师奖、四川大学优秀毕业论文指导教师奖、四川大学考试改革项目二等奖，以及国内各级服饰品、鞋类设计大赛优秀指导教师奖和最佳院校组织奖等。

非标准答案考试对于培养学生开放性思维和创造性思维的意义

四川大学轻纺与食品学院　姚云鹤

对于本科课程而言，教学的重要目的之一就是帮助学生理解知识，并培养他们应用知识的能力。“设计与构成”课程是面向轻化工程专业革制品设计方向的一门专业基础课程，属于典型的工程与艺术设计交叉学科，因此对学生知识应用水平的培养与考查，是考试的重中之重。

该课程的主要教学内容是三大构成及图案，目的在于帮助学生建立设计基础知识的架构，并培养其基本的设计能力，进而引导其设计思维和设计理念的形成。因此，需要传授基础的理论和设计知识，但最终的着眼点还是在于让学生对知识进行灵活理解和创造性应用。非标准答案考试为课程考核方式的改革提供了改革依据和更多的尝试空间，有利于调动学生的学习积极性、主观能动性，对于其开放性思维和创造性思维的训练大有裨益。

课程讲授的第一周，在向同学们介绍课程的基本情况以及对平面构成与色彩构成的考核要求时，即告知大家考试的形式与具体要求，以便他们有足够的时间去消化、理解和准备考试。在课程学习的过程中，大家逐步掌握了设计构成的基础理论与设计知识，并通过眼睛的观察、身心的感受、动手能力的锻炼、表现技法的学习等，不断强化和提升设计水平。在考试时，现场给大家播放了六首音乐作品，但不提供任何其他关于乐曲的文字信息，要求学生全身心感受音乐的曲调、旋律等声音信息来体会其意境与氛围，将其联想转换为视觉化的符号，采用合理的构图关系，具有美感的形态、色彩等造型因素，并运用恰当的表现技法来传达音乐的内涵和画面感。

相对于传统的考核模式，本试题更注重对通感、联想和创造力的考查，使得学生更加“走心”地理解试题。在听觉信息与视觉语言之间的转换过程中，给予学生极大的想象空间，有益于启发他们的开放性思维和创造力；而在作品的表现效果方面，同样可以通过画面的构图、色彩的搭配关系和造型元素之间的构成关系等视觉因素来检视作品的审美性。

考试的结果准确地反映了学生的学习状况和水平。经过一学期的课程学习，从卷面上可以看到他们对设计构成基础知识有了较好的掌握；更重要的是，在对课程知识的理解和应用能力方面得到了很大的提升。通过这次考试，我们进一步向大家强调了创造性思维和开放性思维在艺术设计类课程学习中的重要性。

非标准答案考试通过灵活的考试形式和内容，更准确、实际地考查了学生对课程相关知识的理解能力与运用水平。课程考试改革是一个很好的契机，对于拓展学生的思维，训练学生的探究能力和解决实际问题的能力极为有益，同时也促进了教师对课程考试进行更多的思考、理解与改变，进而带动整个课程中教与学两方面的改革和探索。

考试题目

题目：

以视觉设计构成艺术来表达音乐

试题说明：

在现场播放的六首乐曲中任选一首，通过平面、色彩等设计元素表达你的心理感受。

考试要求：

1. 自备素描纸或白卡纸一张，规格为十六开至八开；
2. 构图完整饱满，有审美感；（20分）
3. 作品构思巧妙，能较好地反映乐曲的内容与格调；（30分）
4. 色彩设计能准确地反映乐曲内容及意境；（20分）
5. 技法表现得当。（30分）

附：音乐作品名称

（注：给学生提供的音乐中不出现音乐的任何文字信息，只以编号提供）

1. 风のとおり道
2.Gloomy Sunday
3.The Girl from Ipanema
4.El Conejo
5.Fake Plastic Trees
6.18 and Life

学生答案

学生答案一：

轻纺与食品学院　董坤坚　1043092037

音乐 2 号视觉表达

学生答案

学生答案二：

轻纺与食品学院　汤潇潇　1043092130

音乐1号视觉表达

学生答案三：

轻纺与食品学院　徐泽坤　1043092108

音乐 6 号视觉表达

学生答案一

此画面表现的是 2 号音乐作品——Gloomy Sunday，这是匈牙利音乐家鲁兰斯·查理斯和他的女友分手后在极度悲恸的心情下创作的。

虽然学生并不清楚作品的名称、歌词等背景信息，但从学生画面的视觉效果可以体会到学生对这首音乐作品的理解与感受，很好地反映了音乐的意境与调性。斑驳、流淌的色彩，对人物形象的处理以及画面的构图关系都与作品的氛围相得益彰。学生采用视觉化的语言对音乐进行了巧妙的诠释。

学生答案二

此画面表现的是 1 号音乐作品——风のとおり道。这首音乐是日本著名动画大师宫崎骏的代表作之一《龙猫》里面的插曲。该画面传递出了孩童世界的梦幻与想象、美丽的自然意趣，还带着淡淡的乡愁和温馨的色彩，表达出这首音乐作品的意境与气氛。画面中各类形象的表达、色彩的搭配都比较好，有效地传达了孩童时代的趣味和远去的淡淡乡愁，只是左下角的色彩与图形都有些跳脱感，与其他部分不太协调。

学生答案三

此画面表现的是 6 号音乐作品——18 and Life。该音乐作品为美国流行金属乐队 Skid Row 同名专辑的第二首单曲。画面中人物的形象表现，尤其是黑色线条部分的处理很好地体现了这一首摇滚歌曲的铁血气质；而背景中丰富的色彩及具有集中感的形态对于塑造铿锵、华丽的金属风格起到了很好的作用，形成了明确的视觉中心点；简洁的构图关系也更好地突出了主体形象，形成了一定的画面冲击力。

教师点评

嵌入式系统

课程号：311022030

赵　辉／四川大学计算机学院（软件学院）

赵辉，博士，四川大学网络空间安全学院讲师，2003—2016 年在四川大学计算机学院（软件学院）任教。2007 年 9 月至 2008 年 9 月，为美国 University of Pittsburgh 访问学者；2016 年 1 月至 2016 年 6 月，为新加坡国立大学访问学者。

研究方向是信息安全和计算机网络安全；在 SCI、EI、核心期刊发表论文 10 余篇，参与编写《网络安全概论》《信息系统容灾抗毁原理与应用》和《嵌入式系统》等学术专著或教材，其中《嵌入式系统》属于“十一五”重点规划教材。获省部级科技进步一等奖 2 次。

承担的主要课程包括“操作系统”“系统级编程”“嵌入式系统”“专业英语”“IT 竞赛指导”和全校公选课程“计算机发展历史和创新创意思维”等。主持和参与了 2 项省部级和校级精品课程建设，主持了 6 项校级和院级教改项目，以第一作者发表了教改论文 6 篇。曾多次获得四川大学青年骨干教师奖、优秀教学奖，2015 年获四川大学首届“小班化—探讨式”教学比赛工科组一等奖，2016 年获

课程简介

“嵌入式系统”主要讲解嵌入式系统的产生和发展，介绍嵌入式系统的概念、原理、设计和相关实践。课程在硬件平台上是基于开源硬件平台（如树莓派开发板和 Arduino 开发板），在软件平台上是基于开源软件（如嵌入式 Linux 操作系统和 Python 程序设计语言）。

课程采用以“创新创意项目”为驱动的组织形式，鼓励学生分组来共同设计和开发一个完整的嵌入式产品或者产品原型；并且鼓励优秀项目去参加大学生三大计划（创新项目、科训项目、创业项目）和 IT 创新创意及创业比赛，鼓励学生进一步延展该课程项目。

“唐立新教学名师奖”，2017 年获五粮春优秀青年教师奖，获 2017 年四川大学优秀教学成果一等奖（负责人）和 2012 年四川大学优秀教学成果一等奖（负责人）。曾经多次指导学生参加各种 IT 竞赛和活动，并多次获奖。

参加了全球 Open Source Project 项目，并和斯坦福大学等 20 多所一流名校（如 MIT、Harvard 等）合作开设了“软件开发实践”课程；引进了新加坡国立大学的 CS1010 课程；积极指导大学生“双创”项目和比赛（如“互联网 +”“微软创新杯”和“挑战杯”等），共获得全国一等奖 5 次，二、三等奖 30 余次；曾受邀参加美国和中国台湾地区决赛；获得过优秀课外活动指导教师称号 5 次，作为教师代表被 CCTV10《讲述》栏目和四川大学 120 校庆教书育人故事汇报道。

在第一课堂之外，坚持深入和贴近学生，积极和学生建立沟通渠道，与学生交流课余话题，关心学生，乐于为学生排忧解难，把教书与育人、专业教育与思想引导紧密结合，积极参与校、院的公共事务和公益活动。

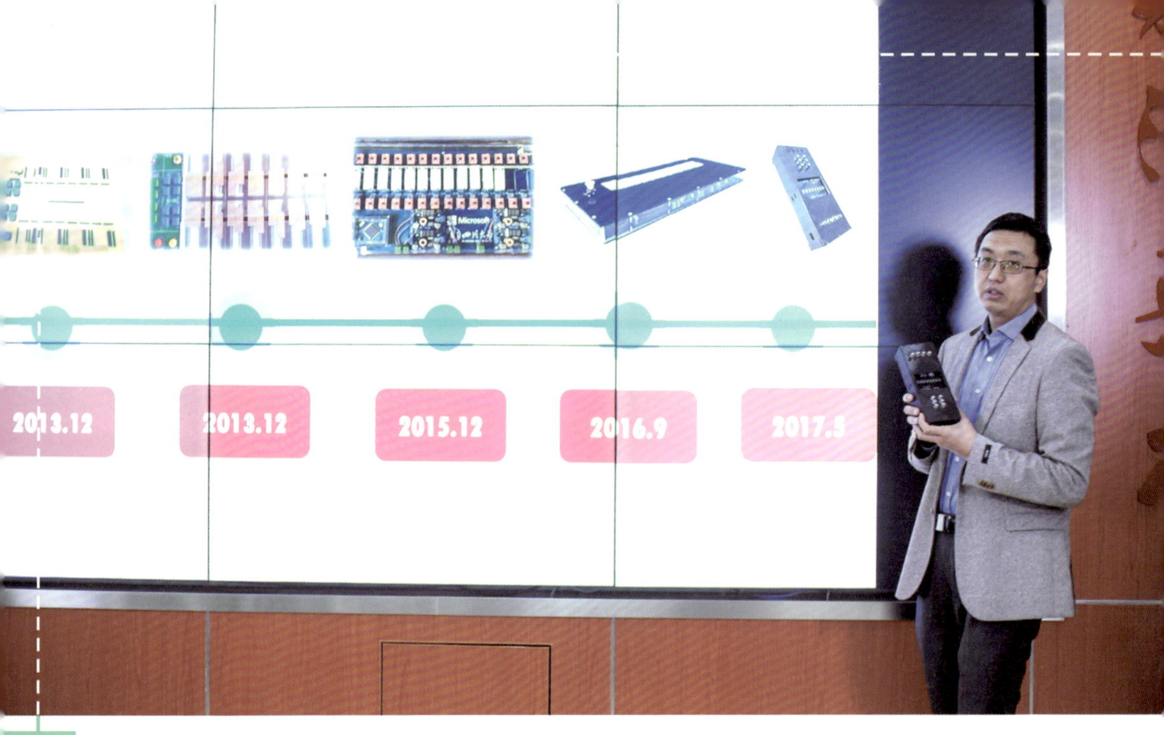

非标准化考试在“嵌入式系统”课程的实践和探索

四川大学计算机学院（软件学院） 赵 辉 陈 文 洪 玫 张 磊 张卫华

【摘　要】“嵌入式系统”为计算机与软件专业的一门重要的专业课程，涉及软件、硬件和网络等多个知识领域的交叉和融合，因此在计算机专业教学中占据十分重要的地位。自 2015 年起，本课程在非标准化考试方面进行了积极的探索和实践，采用了以“开源硬件平台＋开源软件平台”为实践平台、以“创新创意项目”为驱动的指导思想，鼓励学生面向大学生双创项目和比赛，用课程项目的设计和实现，以及路演等构成的非标准化的考核形式，来代替传统的考试形式，取得了一系列的成果。本文对“嵌入式系统”课程的非标准化考试的实施进行了归纳和总结，并且展示了两个典型案例。

【关键词】非标准化考试　嵌入式系统　大学生双创

1. 课程基本信息

嵌入式系统是当前 IT 行业最热门、影响力最大的一个领域和方向之一，物联网、移动技术、智能硬件、工业控制 4.0、机器人等热门领域都和嵌入式系统息息相关。目前，国内外各大高校的 IT 学院（包括电子学院、电气学院、计算机学院／软件学院）都高度重视嵌入式领域，开设了专门的“嵌入式系统”相关课程。由于嵌入式兼顾了软件和硬件，以及应用领域和学科，因此它是一个跨专业、交叉性的学科和领域，可以多方面、多方位地对学生的理论和实践能力进行训练，从而提高学生的综合能力。

四川大学是最早开设嵌入式相关课程的学校之一，“嵌入式系统”（课程号 311022030) 是软件学院自 2004 年开设的一门选修课程，开设在大三下学期，即春夏季。该课程是 3 个学分，目前总学时是 48 学时。

近几年，课程组通过教学探索和改革，采用了以“开源硬件平台 + 开源软件平台”为实践平台、以“创新创意项目”为驱动的指导思想，把课程和当前业界和学术界的各类 IT 类大学生双创项目相结合，积极推动学生在课程之后，进一步扩展课程项目，参加 IT 专业比赛，从而促进大学生的创新创业。同时也通过在这些 IT 专业竞赛中获得名次，提高学院和学校的知名度和影响力。目前课程已经累计产生了 20 多个创意项目，参加了国内外 50 多次比赛，获得了国家一等奖 6 次、二三等奖 30 余次，成绩斐然。

2. 课程的非标准化考试方式

本课程采用了非标准化考试的形式，成绩的分配包括：

（1）平时成绩：30%。

①考勤；

②开题报告。

（2）项目成绩：70%。

①结题报告（不低于 100 页）；

②路演 PPT；

③现场答辩；

④演示视频；

⑤宣传手册。

课程采用了非标准化考试，要求学生以“开源硬件平台树莓派和 Arduino 开发板”为硬件平台，以“开源式操作系统 Linux 和 Python 程序设计语言”为软件平台，设计和实现一个符合大学生双创项目或者比赛的嵌入式系统或者系统原型，鼓励采用“互联网 +”和“智能硬件”的创意思维。

3. 课程的特点

“嵌入式系统”课程除了采用“非标准化考试”方式以外，还有如下特点：

●面向大学生双创项目和比赛：大学生三大计划（创新项目、科训项目、创业项目）和 IT 创新创意及创业比赛，鼓励学生进一步延展该课程项目；

●探讨式和启发式教学：围绕课程项目，以学生为中心，通过项目汇报的形式，组织现场讨论和头脑风暴；

●翻转课堂：在课程后期，每周的课堂时间用来进行项目原型的展示和进度汇报以及问题探讨，而具体的项目设计和实现，是学生在课外进行的，通过课程网站、QQ 群以及网络软件开放协同工具，实现了课堂时间和空间的延展；

●以项目和任务为核心的驱动式教学：改变了传统的“老师讲、学生听”的授课形式，鼓励学生通过课程项目，积极参与到教学当中来，包括知识的收集、技能的实践和训练，鼓励学生创新，训练批判性思维和解决问题的能力；

●以学生团队为主的协作：项目是 3~4 人为一组共同完成的，实现对学生的合作能力和沟通能力的培养；

● Learning by doing 的实践性教学：突出实践动手能力，锻炼学生的系统设计和实践编码能力，包括软硬件协同设计和实现的能力；

●开放式教学：从课程项目立项（创新和创意）、项目设计到项目实践，突出学生自主构造知识的能力。

4. 成果：典型的课程双创项目

自课程采用“非标准化答案考试”后，“嵌入式系统”课程目前累计产生了 10 多个优质的大创项目，经过近三年的迭代和完善，已经完成了原型开发，正在向产品过渡，具体见表 1。

表 1 “嵌入式系统”的创新创意项目

编号	项目名称	项目简介
1	移动牙医诊断系统	一个基于移动平台 + 云服务器的互联网 + 扣钱医疗系统
2	盲人阅读系统	一个基于智能盲人点显器 + 云服务器的数据分析 / 个性化推荐的互联网 + 民生系统
3	安全 U 盘系统	一个软硬件一体化的 U 盘加密 / 身份验证 / 访问控制的系统
4	保密移动系统	一个软硬件一体化的语音通信加密系统
5	雾霾监测系统	一个软硬件一体化 + 云服务器的雾霾分析 / 监测和预测的互联网 + 环保系统
6	室内空气监测系统	一个软硬件一体化器 + 室内空气采集 / 分析和结果显示系统
7	智能门禁系统	一个软硬件一体化 + 云服务器的数据分析 / 个性化推荐的互联网 + 民生系统
8	智能迷宫小车	一个软硬件一体化 + 集外界感知和应急响应和处理的智能小车系统
9	手机防丢失系统	一个软硬件一体化 + 防止手机遗失 / 被盗的安全防卫系统
10	智能家居控制系统	一个软硬件一体化 + 智能家电的互联网 + 民生系统
11	智能停车场系统	一个软硬件一体化 + 云服务器的数据分析 / 信息发布的互联网 + 交通系统
12	智能花盆系统	一个实现远程花卉养殖的系统

5. 进一步设想和展望

一方面，“嵌入式系统”课程目前还没有一本适合教育新思路的教材可供采用。课程组正在计划对搜集到的资料进行优化整理，并进一步更新资料库，编写一本符合新教学思路的讲义或者教材。

另一方面，在大学生双创和竞赛的题目方面，还需要更加充分地发挥四川大学作为综合型大学的优势，进一步促进交叉专业和领域的融合，从而吸引其他学院和领域的学生加入这个课程群中。

参考文献

[1] 廖小飞，陈雯，许武军，等. 基于案例教学的嵌入式系统课程改革与实践[J]. 教育教学论坛，2013（5）：76-77.

[2] 房好帅，朱杰，陈宪. 嵌入式系统基础课程实践教学改革的探讨[J]. 北华航天工业学院学报，2016，26（3）：58-60.

[3] 徐文超，耿艳香，陈雷，等. 嵌入式系统原理课程创新型教学改革研究[J]. 计算机教育，2015（8）：55-57.

[4] 江敏，韩从道，于志强. 慕课时代嵌入式系统原理与设计课程教学的创新研究[J]. 计算机时代，2016（12）：75-76.

[5] 楼旭阳. 嵌入式系统原理及应用教学中学生实践能力培养问题的探索与实践[J]. 高教学刊，2015（5）.

考试题目

题目：

嵌入式系统设计

试题说明：

以“开源硬件平台树莓派和 Arduino 开发板”为硬件平台，以“开源式操作系统 Linux 和 Python 程序设计语言”为软件平台，设计一个符合大学生双创项目或者比赛的嵌入式系统或者系统原型，并且使之实现和编码，鼓励采用“互联网 +”和“智能硬件”的创意思维。

考试要求：

结合大学生双创项目和比赛，3~4 人一组。

学生答案

学生答案一（节选）：

计算机学院（软件学院）	**李声龙 1043111024 / 薛 平 2012141463106**
	王 晗 2014141463191
电子信息学院	**林诗杰 2013141452049 / 汪旭鸿 2013141452116**
	周子洪 2015141453081
制造科学与工程学院	**黄纪刚 0943021112 / 蒋 枫 2013141411251**
商学院	**卜天元 2014141051001**

盲人阅读器

1. 项目背景

目前，全球约有 4500 万视力障碍者，我国约占 1291 万，但盲人读物却很少，平均每 1.29 万人享有一种盲人读物，正常人每年人均读物数是其 50 万倍。盲人教育与学习受到严重限制与阻碍。盲人读物市场急需找到一种成本低廉，听读、触读同时实现，有海量阅读资源的阅读手段。可见，这样的项目不仅市场前景广阔，极具经济效益，更为重要的是惠及广大对知识、教育渴求的盲人，兼具极大的社会效益。

2. 项目描述

盲人阅读器是协助盲人教育与学习的服务化系统。盲人阅读器由云和端组成，云端架构在 Microsoft Azure，提供后台图书馆支持。端以树莓派为核心，搭载 Linux 系统，提供盲文翻译算法，将文本转换为盲文，并驱动自制的盲文点显器显示盲文字符。产品提出了新的盲文点驱动模式，极大地减少了制作成本，有很大的商业价值。同时，产品创新性地在盲文点显器上加入触感功能，实现了一种新的交互模式。

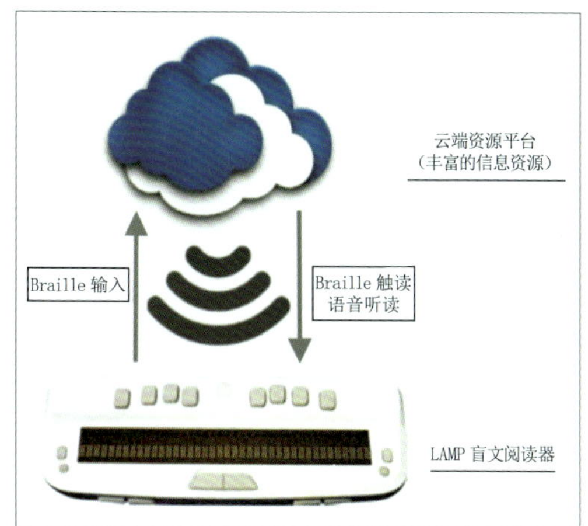

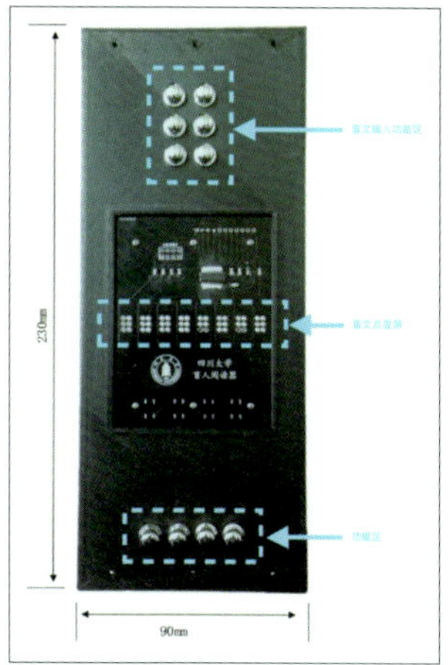

图 1　盲人阅读器的设计和实现

3. 项目获奖情况

- 2013 年全国大学生服务外包创新创业比赛一等奖
- 2014 年微软 Imagine Cup 全国一等奖
- 2016 年微软 Imagine Cup 全国一等奖
- 2016 年互联网 + 比赛四川省金奖

学生答案

图 2　盲人阅读器的颁奖

ImagineCup

获奖证书

Imagine Cup 2016 微软“创新杯”
全球学生科技大赛

中国区一等奖

Sichuan Studio
四川大学 赵辉 (指导老师)

Srikanth Raju
微软（中国）有限公司 大中华区开发体验与平台合作事业部总经理

Microsoft

荣誉证书

王晗、李声龙、袁豪、林诗杰、李心杨、程强、黄纪刚、蒋枫、薛平、卜天元、王淑晔、黄正跃、汪旭鸿：

你们的项目“LAMP盲人阅读器”在蜂云谷杯第二届四川省“互联网+”大学生创新创业大赛中荣获金奖。

指导教师：赵辉、王杰

特发此证，以资鼓励。

四川省教育厅
二〇一[illegible]年九月

图 3　盲人阅读器的获奖证书

学生答案二（节选）：

计算机学院（软件学院）	**李洪锐 2012141463036 / 穆乐文 2012141463257**
	何　晨 2012141463085 / 胡恒昌 2015141463052
华西口腔医学院	**张　博 2012151642031 / 尹一佳 2014151643114**
电子信息学院	**陈班班 2014141453008**
商学院	**朱晓荞 2013141084128**

口腔视诊平台

1. 项目背景

口腔疾病是人类最常见的疾病之一，在众多的口腔疾病中，龋齿是最常见病和多发病之一，龋齿给人类造成的危害相当严重。但是，一方面，由于当前口腔医疗资源不均，导致了看病难、挂号难等问题；另一方面，医患交流隔阂，病历不互通、难保存等问题更恶化了就医体验。

2. 项目描述

该项目实现了一个基于“互联网 +”的智能化口腔视诊平台——iDentist，该系统实现了智能手机上传照片、云端诊断口腔疾病，重点是龋齿，医生轻问诊、线上挂号、云病历和诊断过程数据分析等功能，进而可以整合疾病数据，利用智能学习算法提高治疗的准确率，为卫生预防提供大数据支持。该系统可以有效地整合医生、医院诊所、病人、病历资料和口腔医疗设备商家等多方面资源，从而构成一套产业价值链。

学生答案

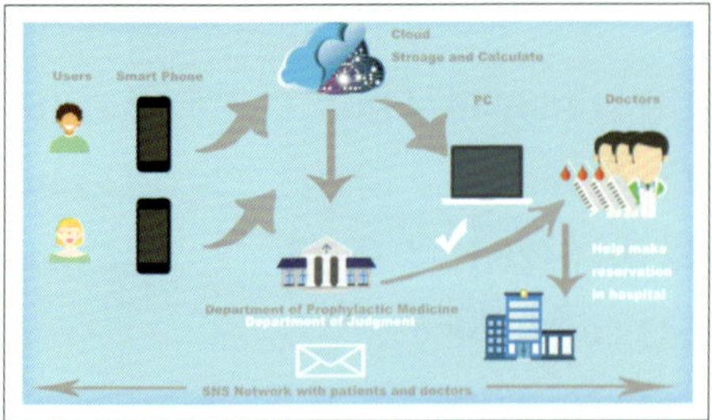

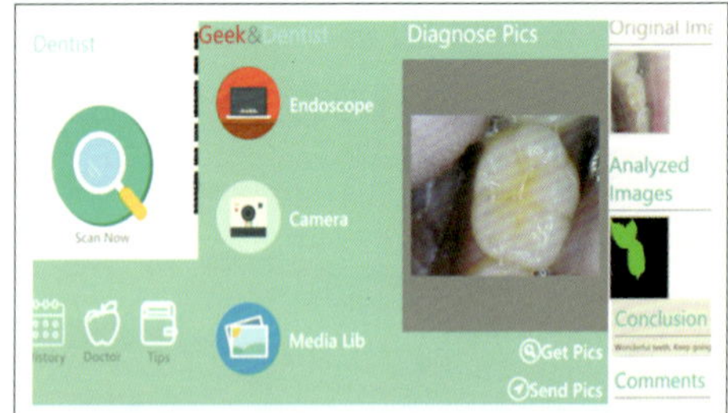

图 1　口腔视诊平台的设计和实现

3. 项目获奖情况

- 2015 年微软 Imagine Cup 全国一等奖
- 2015 年梅斯医学移动医疗比赛全国三等奖
- 2015 年互联网 + 比赛四川省银奖

荣誉证书

李淇锐 何晨 张博 申文帝 朱晓荞：

你们的项目“iDentist互联网+口腔医疗的智能化视诊平台”在首届中国“互联网+”大学生创新创业大赛中荣获四川赛区银奖。

指导教师：赵辉

特发此证，以资鼓励。

四川省教育厅

二〇一六年一月四日

图 2　口腔视诊平台的颁奖及获奖证书

本课程以项目设计的形式作为成绩考核方式，鼓励学生以团队的形式，基于开源硬件和软件平台，充分发挥创新创意思维，通过动手实践和编程，紧密结合当前我国“大众创新、万众创业”的时代背景，实现启发式、探讨式和自主构建式学习。通过课程结题路演的形式，锻炼了学生的交流和表达能力。

经过多年的实践，学生设计和实现的课程项目都是围绕着“智能硬件”和“互联网 +”的创意，有的是互联网 + 医疗（如口腔视诊平台），有的是互联网 + 公益（如盲人阅读器），有的是互联网 + 环境，等等。以上两个项目均经过了不同年级学生的多次迭代开发，在大学生双创项目和比赛方面，取得了很好的成绩，既锻炼了学生的能力，也为四川大学赢得了荣誉。

教师点评

医科
YIKE

生物化学（Ⅱ）

课程号：501083040

傅　强／四川大学华西基础医学与法医学院

傅强，1994 年毕业于华西医科大学药学院，获理学学士学位，1999 年毕业于华西医科大学基础医学院生化与分子生物学专业，获理学博士学位。1999 年至今在四川大学基础医学与法医学院生物化学与分子生物学教研室工作。2003 年 9 月—2004 年 8 月作为访问学者赴香港大学医学院生物化学系进修一年，2010 年 11 月—2011 年 11 月作为访问学者赴美国纽约州立大学留学一年。2002 年评为副教授，2004 年任硕士研究生导师。任职期间，承担研究生、留学生、七年制及五年制本科生的分子生物学、生物化学及生物化学实验等课程的教学工作，教学质量优秀，教学效果良好。作为主研先后参与 7 项国家自然科学基金课题，6 项省部级课题；作为课题负责人承担 4 项校、院级课题。主编研究生教材 1 部，参编教材 6 部，另负责 CORE（中国开放式教育资源共享组织）组织的 MIT OCW 课件翻译项目两项。主要研究领域：脂蛋白与动脉粥样硬化的基础与临床研究、细胞信号传导与疾病关系研究。发表论文 20 余篇，获四川省科技进步三等奖一项。

课程简介

“生物化学”是重要的医学基础课，针对正常人体的新陈代谢及疾病过程中生物化学的相关问题进行探讨。任何疾病都伴有物质代谢紊乱，或为原因，或为结果。肝、胆疾病，内分泌紊乱，体液平衡失调，维生素缺乏病等，更直接与生物化学有关。同时基因信息传递调控涉及遗传、变异、生长、分化等生命过程，也与遗传病、恶性肿瘤、心血管疾病等多种疾病的发病机制有关。因此，为了探讨疾病的分子机制以及有效防治疾病，必须首先熟悉和掌握生物化学及分子生物学的基本理论及基本技术。

生物化学的进一步发展，给临床医学的诊断和治疗带来全新的理念。医学生学习生物化学的目的主要在于掌握生物大分子蛋白质、核酸及酶的结构与功能，物质代谢及其调节的基本规律，基因信息传递及调控，细胞间信息传递，以及生物化学与分子生物学基本技术，为今后学习和探讨医学理论及解决疾病的预防、诊断、治疗等实践问题打下基础。

生物化学是生命科学的前沿学科，也是与其他众多学科有着广泛联系的交叉学科。生物化学理论课是医科学生重要的专业基础课和必修课，一直是我校最重要的二级基础课。2004 年本课程被评为四川省精品课程。

“生物化学Ⅱ”由理论课及实验课两部分组成。理论课共讲授 64 学时，实验课为 60 学时。实验课与理论课配合，以加深对生物化学基本理论的理解，重点是培养学生养成严肃认真、实事求是的科学作风，提高分析问题和解决问题的能力，并使学生初步掌握生物化学常用基本技术，为今后的工作、学习及研究打下良好的基础。

头脑风暴（Brain Storm）让学生主动爱上生化课

四川大学华西基础医学与法医学院　傅　强

生物化学课程是医学生的重要专业基础课程之一，它是生命科学的核心部分，也是其他医学相关学科的基础。但因其内容和知识点相对繁杂，并且主体内容中涉及很多有机化学反应及途径，故学生在学习中普遍感觉该课程太难，要记忆的东西太多，从而容易对其产生畏惧心理甚至抵触情绪。

教学就是教和学的互动，单纯的灌输式或填鸭式教学不再适合大学。大学生已具备基本知识框架和思维能力，所以在接受更为专业的大学理论课程时，老师更应注重引导学生的学习兴趣和对问题的思考甚至置疑，课堂教学除了讲解教材内容外，还需要适当引导学生通过自学或查阅资料进行相关内容（尤其是与临床疾病相关的基础知识）的拓展，开阔视野。这样不仅可主动唤起学生的学习兴趣，还能加深对基础知识的理解与应用。在传统的教学实践中，主要以课堂讲授为主，把大量生化课程的内容通过讲述、板书、PPT 呈现等方式“灌输”给学生，学生在课堂上的多数知识和理论都是“被动”地接收，加之生化的内容本身比较晦涩难记，因而其接受程度和学习效果往往不理想。

我曾于 2013 年在国外著名大学 UCLA（加州大学洛杉矶分校）参加为期三个月的 PBL（problem-based learning, 基于问题的学习）教学法交流培训，有幸全程参与了该校医学生的教学活动，对他们的许多灵活机动的教学组织方式感受颇深，尤其是课堂讨论部分，几乎全为学生主导，而老师只是做导向性辅助（主要防止学生讨论偏离主题）。因为学习内容主要由学生通过自学和查阅资料来主动获得，因此最后的教学效果自然比被动的课堂讲授方式要好得多。另外，在课堂教学中及课后，经常性地布置一些有趣的 brain storm （头脑风暴）任务，让学生尽量打开脑洞，对这些有趣的 topic（主题）进行广泛的答案征集，然后老师挑出一些代表性的或新颖的答案进行点评，极大地激发了学生的学习热情。

生物化学本来是一门实验学科，其基本理论的提出与证实都对应有相关的实验（包括体内和体外的各类生物学、化学实验），因此，在讲解相对枯燥的理论知识时，结合相应实验并引导同学设计实验方法、预测结果并推断结论，甚至让同学自己设计并相互讨论设计思路是否存在漏洞等。这样不仅能让同学提高学习兴趣，也能很好地训练他们的科学思维及实践能力。我校医学中心的生物化学课程目前因课程改革，将生物化学部分独立出来，结合部分免疫学实验开设了生物分子实验课，其课程进度基本与生物化学理论课平行，带习老师仍为原生物化学课程老师。故在实践教学中，可灵活地结合理论与实验进行各种头脑风暴的练习。另外，生物化学作为医学的重要专业基础课程，与临床疾病的发病机制、诊断、治疗等密切相关，故我们在教学中，已逐渐从理论导向转向问题导向（problem-orientated, or case-orientated ）。在课堂理论教学时，先引入疾病或问题，再展开相关内容讲授，结合不定时的随堂小测验，使同学全程都有参与感，从而不易走神。在课前或课后布置适当的 homework，以头脑风暴形式的各类开放性思考题为主，没有标准答案，题目相对较小，不需要花费过多课余时间，但必须通过主动思考及查阅资料才能完成。头脑风暴题目可激发学生的学习热情，开放性的答案往往还可以让老师得到许多全新角度或科研新思路，真正达到教和学的互利（mutual beneficial）。这些教学活动都在网络教学平台上进行，可做到实时监测和评价，教和学的互动可快速得到反馈，其技术的实现也得益于我校的网络课程中心及网络教室的硬件平台的成功建设。

目前，四川大学新的学生评分标准都要求提高平时成绩所占比例（不低于50%），这有利于学生的全面考核，而非过去一次性考试那样鼓励死记硬背或考前临时突击过关。对于平时成绩的认定，虽然加大了老师的工作量，但对于教学质量的提升，以及通过与学生的互动进一步发现和弥补教学中的不足，都有极大的帮助。我们在新的教学方法探索过程中，加大了课堂练习、mini quiz（小测验）、课后思考的比例，不仅可以激发学生的兴趣，而且使平时成绩的考核内容更丰富，评价也更加客观，同学反馈良好，许多同学反映对生化课程的学习更主动了，同时学习压力变小，上课变得轻松了，真正开始爱上生化课。

考试题目

题目一：

【头脑风暴】2017-3-14 课后思考题

试题说明：

所有生物的遗传物质（DNA 或 RNA）上仅有编码蛋白质和 RNA 的信息，如何解释生物体的构成却远不止核酸和蛋白质？其他物质组成（如聚糖、脂类等）的编码信息从哪里来？

考试要求：

200 字以内，3 月 16 日 2:00pm 前提交有效。

学生答案

题目二：

【头脑风暴】2017-3-21 课后思考题

试题说明：

请简要比较两种酶竞争性抑制直线作图法，求 Vm 和 Km 值的差别和优缺点。

考试要求：

400 字以内，3 月 24 日 2:00pm 前提交有效。

题目一

学生答案一：

华西公共卫生学院　刘鹏浩　2016151651022

生物体通过进食等方式摄取糖、脂质等原料，在特定的酶的作用下通过特定的反应形成特定的化学物质。即生物体通过遗传物质控制蛋白质、RNA 的结构，间接控制了生化反应的方式、产物。那么生物体内其他物质的信息可以说是储存在催化其产生的蛋白质等物质的信息里的，从这个方面来说，遗传物质里的信息间接包含了这些物质的信息。

学生答案二：

华西公共卫生学院　盖巧玥　2016151651124

遗传物质控制合成的产物蛋白质和 RNA 会调控体内构成生物体的其他物质，所以生物体中也有其他物质构成调控信息来自于某些蛋白质。例如：①糖类的合成是由生物体内一系列的生化反应完成的，催化各步反应的酶主要就是蛋白质类。②基因是通过编码 PPARγ 蛋白来控制脂肪细胞发育或脂肪形成等。

学生答案三：

华西公共卫生学院　罗　洋　2016151651100

生物体的构成除蛋白质和核酸外，还有水、无机盐、脂质、糖类等。这些物质一部分直接从体外摄取，不需在生物体内加工，另一部分是在生物体内通过一系列生物化学反应产生的，其中酶和核酶对这些物质的合成起着重要的指导催化作用。而酶的化学本质为蛋白质，核酶的化学本质为 RNA，蛋白质和 RNA 的物质组成信息来源于 DNA。

学生答案

题目二

学生答案一：

华西公共卫生学院　曾利嘉　2016151651082

1. 林－贝作图法与 Hanes 作图法相比有以下几个缺点：

（1）由于［S］不能等于 0，所以作出的图是一种理想状态。

（2）直线外沿至 −1/Km 时，通常已经达到了纸的边缘，需要重新作图。

（3）低物质的浓度之下测出的数据往往不准确，应该由低到高全面选择。

（4）作出的图缺少线性偏离，难以观察酶的性质。

2. 优点如下：

（1）能够比较直观地显示出 Vm 与 S 的关系。

（2）在作图的时候比较方便，只需将数据带入作图即可，不需再次计算。

学生答案二：

华西公共卫生学院　刘　莉　2016151651131

1. 两种作图法求 Vmax 和 Km 值的差别。

（1）双倒数作图法：纵截距为 1/Vmax，横截距为 −1/Km，从直线与坐标轴的交点就可以求出两个值。

（2）Hanes 作图法：纵截距为 Km/Vmax，横截距为 −Km。横截距直接得到 Km，再把 Km 带入纵截距中，求得 Vmax，或者用直线斜率求算 Vmax。

2. 两种作图法的优缺点。

（1）双倒数作图法。

优点：操作简单、方便；容易求 Vm、Km。

缺点：以 1/［S］为横坐标，画出的点集中在坐标左下方；［S］越小，1/［S］越大，画出的点常在直线远端，影响准确性。

（2）Hanes 作图法。

优点：Km 值直接等于横截距的绝对值，易于求算 Km；以［S］为横坐标，画图时数据处理简单。

缺点：直线斜率是 1/Vmax，相对于双倒数作图法来说，求 Vmax 更复杂。

学生答案三：

华西公共卫生学院　寿宇珂　2016151651027

1. 林贝氏作图法的优缺点。

（1）缺点。

1) 当[S]较小时，随反应进行 v 会发生较大变化，[S]越小，1 ／ v 误差越大，底物浓度应由低到高全面选择。

2) 倒数计算麻烦，易出现小数，不易作图。

3) 直线外推至 −1 ／ Km 时，通常已至纸边缘，常需重新作图。

4) 很少有线性偏离，不易观察米氏方程是否对该酶适用。

（2）优点。

1) 直观，为酶抑制研究提供易识别的图形。

2) 理论上只需两组数据。

2. Hanes 作图法的优缺点。

（1）缺点：不够直观。

（2）优点：

1) 无需计算 1 ／ [S]，易于作图。

2) 易出现线性偏离，便于动力学研究。

3) 避免了低 [S] 的误差。

题目一答案

总点评：此题开放性极强，在任何教材和相关辅导资料中均找不到，因此更别提标准答案了。同学可以结合自己的基本常识、生物学背景来进行思考和回答，有利于培养学生的科学思维和拓展眼界（而不是一味埋头读死书）。另外，学生通过文献查阅进行逻辑推理并主动学会甄别大量的网络“伪科学”资料。

对答案一的点评：能想到动物和人等异养生物可从外部摄取物质，同时考虑到酶的催化作用，对物质的生化反应进行控制。基本抓住了问题的核心。

对答案二的点评：提到了糖的信息在基因信息里不存在，但其合成和组装依赖酶的作用，而酶是蛋白质；回答了脂合成的关键是依赖特异蛋白 PPAR γ 控制。

对答案三的点评：除了外界摄取，其他物质主要通过生化反应产生，不仅是依赖酶（本质是蛋白质），同时还意识到核酶（本质是核酸）的催化作用。

总点评：此题结合了理论课程中“酶的竞争性抑制动力学”的相关知识，且这部分内容会在实验课程中进行实际运用和计算，教材中只简要地进行了数学推导并给出求解方程。但在实际运用中，学生可以根据自己所得到的数据进行作图计算，通过理论推测和实际运用，学生才能体会到两种方式的优缺点。因此题属于开放性的思考题，故没有统一完整的标准答案，学生完全可以通过思考、查阅相关资料和实际的实验操作来作答。

对答案一的点评：能抓住主要特征进行直观对比，指出了林–贝作图的关键缺点，即横轴不能取零，需要推衍才能得到 Km。

对答案二的点评：能观察到作图点的分布特征，从而发现林–贝作图的缺陷。同时能想到 Hanes 作图虽然克服了前者的缺点，但仍有自身的不足，即 Vm 的求取更复杂。

对答案三的点评：发现了林–贝作图中［S］数据越大，结果越准，但作图却因取倒数后更小反而不准的缺点。同时能提出 Hanes 作图易出现线性偏离的缺点。

教师点评

熊文碧／四川大学华西基础医学与法医学院

熊文碧，2006 年毕业于四川大学，获基础医学与法医学院理学博士学位，副教授。2006 年 10 月—2007 年 5 月在国家药品审评中心做新药审评员；2011 年 9 月—2012 年 9 月于美国内布拉斯加大学医学中心访学。

从教 20 年，热爱教学，关爱学生。承担“药理学”“机能实验学”及“瘦身新概念”等课程的主讲，曾荣获青年骨干教师奖及文化素质公选课最受欢迎教师称号。

考试改革与教学改革

四川大学华西基础医学与法医学院　熊文碧

高校教学改革如火如荼，如日中天。对考试改革，却相对有点冷落，但没有考试改革的教学改革是不完整的，考试改革应该是教学改革的重要组成部分。四川大学从 2011 年开始着力于考试改革，进行全过程考核及非标准答案改革，经过 6 年的实践，已初见成效，积累了不少经验教训[1,2]。

考试在学生培养中有多种功能。考试有评价、检测功能，如各种水平考试、选拔考试及课程结业考试。如何保证此类考试能反映学生掌握知识的情况及各种能力的水平是这种考试面临的问题。对于这类考试，已有较多的研究和认识。其实，在学习过程中考试更是学习动力的助推器。在过程管理中探讨如何将考试作为重要手段督促学生主动学习、自主学习、团队学习是非常重要的一件事。考试本身也是学习过程！要实现考试的多样功能，就应有考试的多种形式。

药理学各层次课程在教学过程中针对学生的专业情况，在过程管理考核改革实践中也积累了一些经验[3,4]。根据药理学的学科特点，采用多种考试形式促进学生加强平时学业学习。比如每一部分内容结束后有学校课程中心平台组织的单元考试。该考试能督促学生对每一部分知识的复习巩固，注重知识的积累，避免期末突击、临时抱佛脚、考完即忘的现象。同时每一部分内容都安排有团队组合学习形式的病案讨论。病案讨论也是医学领域广泛使用的以问题为导向的学习方法（problem-based learning，PBL）[5]。该方法精选临床与治疗相关的小病例，适当删减，以更符合药理教学的特点，设置 2~4 个问题，分发给学生。学生以 6 人左右组队完成病案讨论，要求查阅相关资料，分析病案，回答问题，并以 PPT 的形式在讨论课上展示，5~6 个组在一起组成一个小班进行更深层次的探讨。在讨论中，各种思维碰撞，知识得以升华。讨论的问题形式多样化，有针对病人情况设计给药方案，有分析病人的药物治疗是否合理，有分析病人用药后为什么会出现这样的结果等。这些开放性题目常常没有标准答案，只有参考答案，没有完全的对与错，更多的是思维的拓展与发散。在此过程中，学生的查阅文献、自主学习、思辨思维、团结合作及表达等多种能力得以大幅度提升。同时我们也让学生以更小团队，如 2 或 3 人一组完成相关内容综述、报告论文、调查报告。如关于治疗神经退行性疾病药物的研究进展，抗抑郁病药物的新进展，降糖药的临床使用情况，普通感冒涉及哪些药物类型、市场使用情况等，这些开放性题目激起同学极大的兴趣，完成优秀的同学还将论文发表，体会到自己辛勤劳动结出硕果的喜悦。这一过程对同学们的创新思维、科研能力、论文撰写能力都有极大提升，还训练了学生更有广度、深度地查阅文献资料，与同学分工合作，提高效率的能力。这些考核方式也是学习过程的一个重要环节，受到大多数同学的欢迎。

医学与理学有不太一样的地方，强调知识的积累，特别对于临床医生来说，需要一些知识的基本储备，才能应对临床多样的病人。但同时，我们也清楚地知道，知识有相对固化的一面，能力的培养也相当重要。能力的迁移性特点，能应对现实生活中知识越来越开放和发展的变化。良好的能力能适应科技的快速进步。经过这几年的教学改革，我们明显感觉学生掌握知识相对更加牢固，学生的各方面能力均得以提升。这些能力也是保障他们适应未来快速变化的世界所必需的。

参考文献

1. 叶子溦，袁丽 . 本科内科护理学考试改革效果初探［J］. 华西医学 ,2014, 29（6）:1149–1151.

2. 周乃彤 , 胡明 , 廖文 , 等 . 过程考核导向的“药事管理学”课程考试改革实践与探索［J］. 中国药事 , 2015, 29（2）: 167–172.

3. 熊文碧 , 缪世坤 , 宋晓红 , 等 . 加强药理学理论课教学过程管理，培养学生综合素质［J］. 四川生理科学杂志 , 2016, 38（4）: 231–232.

4. 熊文碧 , 宋晓红 , 张媛媛 , 等 . 新形势下药理学教学的探索与思考［J］. 基础医学教育 , 2015,17（8）:676–678.

Tayem YI. The impact of small group case – based learning on traditionalpharmacology teaching［J］. Sultan QaboosUniv Med J, 2013, 13（1） : 115 – 120.

瘦身新概念

课程号：501088010

课程简介

“瘦身新概念”是一门为全校学生开设的素质公选课。肥胖是目前人类面临的一大健康问题，世界卫生组织（WHO）已将肥胖定义为慢性代谢性疾病，更严重的是肥胖会带来许多疾病风险。如何保持健康的体型及科学减肥引起世界各国的广泛关注。但对于肥胖及减肥，社会上仍然存在较多的认识误区。

本课程通过对肥胖的相关知识的讲解，使学生科学认识肥胖，旨在将健康的生活方式根植于学生心底，避免今后人生滑入肥胖的漩涡，并理解关于减肥的基本方法及原理，了解国际上有关减肥方法及理论的新进展。

考试题目

题目：

根据你对肥胖的认识，完成一篇关于如何预防肥胖以及如何减肥的报告论文。

学生答案（节选）：

外国语学院　李梦琳　2014141051044

如何预防肥胖及科学减肥

如今，肥胖已经成为全球流行病，在全球 60 亿人口中有 14 亿人体重偏重，世界卫生组织已经把肥胖列为流行病的一种。肥胖病是指我们人体内脂肪存储过量，常变现为体重增加。在这里，大众存在一种认识误区，认为体重增加必定是脂肪增加，实际上，体重增加并不一定是由脂肪所致，骨骼、肌肉等的增加同样会导致体重上升。目前，我国的肥胖人口已经位居世界首位，同时全国 18 岁以上成人超重率为 30.1%，肥胖率为 11.9%，这些数字还在逐年上升。对于肥胖的界定要通过科学的测量方法，如今比较权威可信的方法为体质指数（BMI），通过测定 BMI 值来判断不同年龄段、不同身体条件人的肥胖指数，这同时是肥胖病的诊断标准。在减肥开始之前，我们可以参考 BMI 值的数据来制订方案。肥胖分为原发性肥胖（单纯性肥胖）和继发性肥胖（病理性肥胖）。在减肥的时候也要根据自身不同的肥胖类型来制订减肥计划，选择合适的减肥方法。此外，肥胖按照体脂主要分布部位，分为梨型肥胖和苹果型肥胖。减肥就是消耗掉我们体内多余的脂肪囤积。这与我们的人体基础代谢热量和每日摄入的热量密不可分。正确有效的减肥是合理饮食和适当运动的结合，在这个过程中最为重要的是要养成健康饮食、健康锻炼的生活习惯。一味地节食或者爆发性地锻炼是对身体的伤害。减肥的目的一定要正确，

减肥是为了健康生活，获取健康的体魄，而不是盲目追求体重的下降和迎合大众口味变得身形消瘦。减肥要制订科学的方案，根据自身体质情况，循序渐进，不能追求立竿见影的效果，要长期坚持，在精神心理方面也要给自己积极的心理暗示。

关于如何有效预防肥胖，我认为应该分为以下几个方面。一是应该提高健康认识，充分认识肥胖对人体的危害，了解人在婴幼儿期、青春期、妊娠前后、更年期、老年期容易发胖的知识及预防方法。父母要协助小孩控制体重，慎防日后发生肥胖。二是饮食平衡合理，采用合理的饮食方法，做到每日三餐定时定量，科学安排每日饮食，如饮食不过分油腻，不过分甜和不过分多，宜适当增食蔬菜和粗粮，少食肥甘厚味，多素食、少零食。三是加强运动锻炼，制订合理科学的长期运动计划。经常参加慢跑、爬山、打球等户外活动，既能增强体质，使形体健美，又能预防肥胖的发生。 四是生活规律，保持良好的生活习惯。根据年龄合理安排自己的睡眠时间，既要满足生理需要，又不能睡得太多。五是保持心情舒畅。良好的情绪能使体内各系统的生理功能保持正常运行，同时能够保证减肥计划的实施。

今后，减肥将会成为人类共同研究的课题。我们应当正确认识减肥，对肥胖、减肥方法进行科学的认识了解，再选择正确的减肥方法。经过本学期的学习，我对减肥的认识增进颇多，希望以后可以运用到实际生活中来，为我自己、我身边的人带去真正健康的生活。

教师点评

对于是否肥胖，不少年轻人有一些错觉，导致采取错误的措施造成对身体的伤害。在减肥方法的认识上，民众有形形色色的观点，其间不乏很多误导。在理解肥胖的发生机理及各种可能原因的基础上，采取相应的措施进行预防是最关键的一步，特别在人生的几个易发胖阶段进行预防至关重要。若确诊为肥胖，应根据个体差异，选择适合自己的方法，控制饮食及加强锻炼是根本。当然，严重顽固性肥胖还需要结合药物等其他有效方式进行治疗。

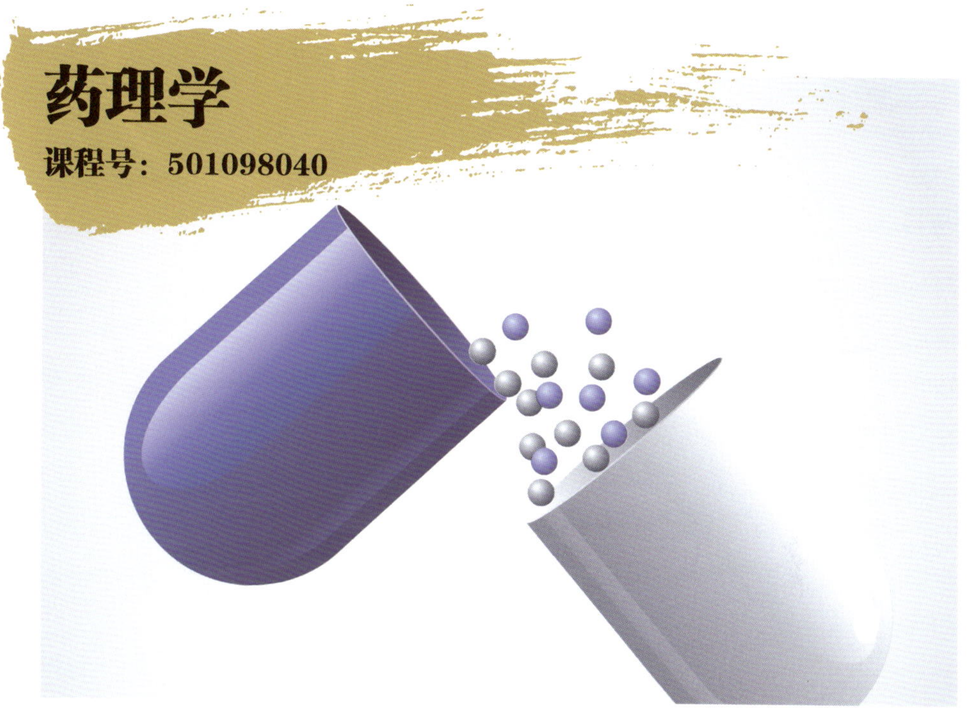

课程简介

药理学是一门联系医学与药学、联系基础医学与临床医学的立交桥式桥梁学科，是医学生和药学生知识构架中必不可少的一门重要学科。其研究药物与机体相互作用规律，为临床药物的合理使用、避免药物对机体的不利影响打下基础，为新药开发提供线索和手段，同时参与探究机体基本生命活动规律。

对医学生而言，在掌握药理学基本知识的同时，培养独立思考、独立分析问题和解决问题的能力极为重要。在传统讲授的基础上，辅助一定的翻转课堂，以问题为导向，进行病案讨论是“药理学”教学的常用手段。这也能提高学生查阅文献、自主学习、思辨、团结合作及表达等多种能力。

考试题目

题目一:

患者，男性，45 岁。因发热、咽痛、咳嗽 3 天就诊。既往无青霉素过敏史。接受青霉素过敏试验结果阴性。静脉点滴青霉素 5 分钟后患者主诉全身发痒，四肢麻木，随即表现出心悸气短、呼吸困难、面色苍白、四肢厥冷、口唇发紫（发绀），之后晕倒、昏迷（意识丧失）。

体格检查: 体温 39.1℃，呼吸 36 次 / 分，血压 60/30mmHg，心率 150 次 / 分，瞳孔对光反射迟钝，颈软，双肺呼吸音粗，可闻及干啰音，心律齐，未闻及杂音，腹软，肝脾未触及，病理反射未引出。

1. 临床诊断是什么? 该患者体内发生了哪些病理生理学变化?

2. 首选抢救药物的药理学依据是什么? 该患者还应辅助使用何药治疗？其药理作用机制是什么?

学生答案

学生答案：

华西口腔医学院　张一展　2015151642152 / 张镇川　2015151642156
吕嘉怡　2015151642178 / 洪慧仪　2015151642176
周小英　2015151642166 / 苏庭五　2015151642180
陈仕豪　2015141094016 / 邹　杨　2015151642171
张潇丹　2015151642150

临床诊断：青霉素引发的速发型超敏反应（过敏性休克）。

过敏性休克是青霉素过敏反应中最严重、最常见的反应，可发生于使用青霉素的整个过程，青霉素的各种剂型和给药途径均可引起过敏性休克，反应的发生与剂量无关。过敏性休克发生一般极为迅速，大多数在注射后 15 分钟内出现，甚至在注射针头尚未拔出时就会发生。少数病例可于给药后数小时或连续给药过程中出现。

皮试阴性还过敏的原因：

阈值是应用青霉素引起过敏反应的最大剂量。

每个人阈值不同，大多数人在接受常规皮试剂量（每毫升含青霉素 500 单位）后即刻引发过敏反应，皮试 20 分钟呈阳性，即禁止使用。少部分人诱发青霉素过敏的阈值较高，在常规青霉素皮试后，为阴性，但在接受几十万或几百万单位青霉素注射或输液后，会引起过敏反应。

该患者体内发生的病理生理学变化：

体格检查。

体温：39.1℃（患者体温升高）。

由于患者发生过敏反应，机体内产生抗原抗体复合物。抗原抗体复合物作为致热原，作用于机体，进而导致内生致热原的产生并入脑作用于体温调节中枢，引起发热中枢介质的释放继而使调定点改变，最终引起发热。

学生答案

呼吸：36 次 / 分（患者呼吸加速）。

由于患者发生过敏反应，导致喉头水肿、支气管痉挛（哮喘）和肺水肿，出现呼吸道阻塞症状：胸闷气短、呼吸困难、发绀、窒息等。反射性引起呼吸加速。

血压 60/30mmHg，心率 150 次 / 分（血压降低、心率加快）

由于患者发生过敏反应，体内 IgE 和抗原在肥大细胞表面结合，引起组胺和缓激肽大量释放：

（1）血管扩张，导致血管床容积增大。

（2）毛细血管通透性增加，导致血浆外渗，循环血量减少。

血管床容积增大和循环血量减少使体循环的平均充盈压降低，回心血量减少，心输出量减少，动脉血压降低。反射性心率加快。

瞳孔对光反射迟钝（中枢神经系统抑制）。

由于脑缺氧和脑水肿，中枢神经系统抑制。瞳孔对光反射的中枢在中脑，因此临床上常把它作为判断中枢神经系统病变部位、麻醉的深度和病情危重程度的重要指标。

双肺呼吸音粗，可闻及干啰音（呼吸困难）。

双肺呼吸音粗，说明是呼吸急促。

干啰音是气管、支气管或细支气管狭窄或不完全阻塞，气流吸入或呼出时发生湍流所致。其病理基础有炎症致黏膜充血水肿、分泌物增多，支气管平滑肌痉挛，腔内异物、肿瘤阻塞及肿大淋巴或纵隔物压迫气道。

首选抢救药物的药理学依据：

首选抢救药物是肾上腺素。

青霉素过敏性休克时，应立即对患者皮下注射 0.1% 盐酸肾上腺素 0.5~1ml，如症状不缓解，可每隔 20 分钟皮下或静脉注射该药 0.5ml。

激动 α 受体。

（1）能明显收缩小动脉和毛细血管前血管，增加外周阻力，使血压升高。

（2）使毛细血管通透性降低，有利于消除支气管黏膜水肿。

激动 β 受体。

（1）使心肌兴奋性增加，心输出量增高，血压升高。

（2）舒张支气管，解除支气管平滑肌痉挛。

（3）抑制肥大细胞释放组胺等过敏性物质。

因此，肾上腺素是抢救过敏性休克的首选药物，可迅速有效地缓解过敏性休克的症状，挽救患者生命。

该患者还应辅助使用药物及其药理作用机制：

（1）**糖皮质激素（氢化可的松），**抑制抗原－抗体反应所引起的组织损害和炎症过程。在免疫过程中，由于抗原－抗体反应引起肥大细胞脱颗粒而释放组胺、5－羟色胺、过敏性慢反应物质和缓激肽等，引起一系列过敏性反应症状。糖皮质激素被认为能减少上述过敏介质的产生，抑制因过敏反应而产生的病理变化。

（2）**氨茶碱：**氨茶碱对呼吸道平滑肌有直接松弛作用。其作用机理比较复杂，过去认为通过抑制磷酸二酯酶，使细胞内 cAMP 含量提高所致。近来实验认为氨茶碱的支气管扩张作用部分是内源性肾上腺素与去甲肾上腺素释放的结果。此外，氨茶碱是嘌呤受体阻滞剂，能对抗腺嘌呤等对呼吸道的收缩作用。氨茶碱能增强膈肌收缩力，尤其在膈肌收缩无力时作用更显著，因此有益于改善呼吸功能。

（3）**抗组胺药：**阻断 H1 受体作用，对组胺直接引起的局部毛细血管扩张和通透性增加（水肿）有很强的抑制作用。

（4）**升压药（去甲肾上腺素、多巴胺）：**是强烈的 α 受体激动药，同时也激动 β 受体。通过 α 受体的激动，可引起血管极度收缩，使血压升高，冠状动脉血流增加；通过 β 受体的激动，使心肌收缩加强，心排血量增加。α 受体激动在心脏方面主要表现为心肌收缩力增强，心率加快，心排血量增加。

考试题目

题目二：

患男，5 岁。20 日前开始腹泻，每日 4 ～ 6 次，为稀便带黏液血性分泌物，无发热，腹痛，无明显里急后重。五日后出现发热，体温 39.4℃，在某医院诊断为 " 急性菌痢 "。先后应用了多种抗菌药物：土霉素、甲氧苄啶、庆大霉素、氨苄西林、头孢唑啉等，症状不见好转反而加剧，持续高热，腹泻频繁，为黏液性血便，故转院。

体检：体温 38℃，脉博 129 次 / 分钟，血压 110/70 mmHg，腹膨隆，叩鼓音，肝肋下 1cm。

大便常规：WBC(3+)，RBC(2+)，有少量真菌孢子。入院后第 3 日发现大便时解出灰白色膜状物，病理报告为坏死组织及纤维蛋白渗出物，符合伪膜性肠炎特征。

粪便培养报告：有难辨梭状芽胞杆菌生长。

诊断：伪膜性肠炎。

问题与讨论：

1. 使用多种抗菌药物后病情为何反而加重，引起伪膜性肠炎？

2. 本例应采用哪些治疗措施？并说明用药的理论依据。

学生答案

学生答案：

华西口腔医学院 王 蕊 2015151642110 / 尤 玥 2015151642139
吴嘉馨 2015151642117 / 王曼卿 2015151642108
吴思好 2015151642118 / 肖闻澜 2015151642128

1. 使用多种抗菌药物后病情为何反而加重，引起伪膜性肠炎？

急性菌痢：是痢疾杆菌引起的常见急性肠道传染病，以结肠化脓性炎症为主要病变，有全身中毒症状，主要表现为病急、发热、腹痛、腹泻及黏液便等症状。若腹泻迁延不愈，病程超过两个月者即为慢性菌痢，主要症状为：①发高烧，可达 38℃ ~ 40℃，伴全身不适。②肚子痛，多在下腹及肚脐周围。③腹泻，一天数次至几十次不等，为脓血、黏液便，伴有明显里急后重现象。甲氧苄氨嘧啶、喹诺酮类、氯霉素、四环素族等抗痢疾杆菌活性差，耐药菌株日趋增多，可改用庆大霉素或氨苄西林等抗生素。

本病例先后应用了多种抗菌药物：土霉素、甲氧苄啶、庆大霉素、氨苄西林、头孢唑啉等，引起难辨梭状芽胞杆菌大量繁殖，从而导致伪膜性肠炎，造成病情加重。

难辨梭状芽胞杆菌（又称艰难梭菌）属厌氧性细菌，一般寄生在人的肠道内。由于服用抗生素后，打破了肠内菌群的平衡，从而导致艰难梭菌大量累积，产生大量的外毒素。外毒素可绑定黏膜细胞从而导致出血。

伪膜性肠炎：又称霍乱样综合征，系指结肠和 / 或小肠黏膜表面覆盖有由纤维素、黏液、坏死黏膜和炎细胞等组成的伪膜状物的急性坏死性炎症，主要症状有腹泻，多为水样泻，有黏液，严重者每日排便量可达 4000ml。由难辨梭状芽胞杆菌感染所致。某些重病患者，外伤手术，应激及服用广谱抗生素可诱发本征，难辨梭状芽胞杆菌所产生的外毒素可使小血管内凝血，血栓形成，肠壁坏死甚至穿孔；而毒素刺激黏膜上皮细胞中的 cAMP 系统，引起霍乱样症状。

学生答案

2. 本例应采用哪些治疗措施？并说明用药的理论依据。

治疗的关键在于合理使用抗生素，但不要长时间、大剂量使用抗生素。合理使用主要体现在以下方面：

（1）用原用抗生素，扶植正常肠道菌群。

轻型病例停用抗生素后可自行恢复正常肠道菌群。严重病例应人工恢复其肠道菌群，可口服乳酸杆菌制剂（如乳酶生）、双歧杆菌制剂、维生素 C、乳糖、蜂蜜、麦芽糖等扶植大肠杆菌，口服叶酸、复合维生素 B、谷氨酸及维生素 B_{12} 扶植肠球菌。

（2）使用艰难梭菌敏感的抗生素。对于不能耐受口服抗生素治疗的患者可采用肠道给药。

●**甲硝唑：**甲硝唑对厌氧微生物有杀灭作用，它在人体中还原时生成的代谢物也具有抗厌氧菌作用，抑制细菌的脱氧核糖核酸的合成，从而干扰细菌的生长、繁殖，最终致细菌死亡。对难辨梭形芽孢杆菌感染所致的伪膜性肠炎有特殊疗效。

●**万古霉素或杆菌肽：**可用万古霉素 125 ~ 500mg，口服，每日 4 次；或用杆菌肽，疗程为 7 ~ 14 天。

●**消胆胺：**能与毒素结合，减少毒素吸收，促进回肠末端对胆盐的吸收，以改善腹泻症状。服用方法为每日 3 次，每次 2 ~ 4g。

教师点评

题目一答案

青霉素过敏是临床比较常见的现象，如果发生后不及时抢救有可能会导致患者失去生命。因此在我们学药理的过程中会非常强调青霉素的这一特点。在临床使用中必须遵循相应的预防青霉素发生过敏的措施。但即使采取了这些措施，也不能完全避免过敏反应的发生。

学生比较容易纠结此病案中患者用药前已经皮试，显示为阴性，所以不太敢确认为过敏性休克。但事实上临床皮试假阴性时有发生。故仍需引起重视，抢救药品及器具必须随时备用。在抢救中一般首选肾上腺素，还可配伍使用糖皮质激素或 H1 受体阻断药等。

此组学生大胆确认此病例为过敏性休克，能理解其中发生的机能变化，并选用合适的药物来抢救。

题目二答案

本病例选取了抗菌药物治疗中因抗菌药滥用导致的菌群失调及二重感染病例，提醒学生抗菌药物的使用要科学合理、谨慎。

对二重感染导致肠道菌群失调即难辨梭状芽胞杆菌异常增殖引起的伪膜性肠炎，治疗上比较特殊，临床选用仅有的几个抗菌药才有效：一为万古霉素，二为甲硝唑，两者均口服，同时配合益生菌及肠道毒素吸附剂如活性炭、思密达等。

学生能正确认识二重感染，并拓展其治疗方法。

医学免疫学（I）（双语）

课程号：501102030

课程简介

“医学免疫学”是以免疫系统为研究对象的一门生物医学前沿学科，近年来发展非常迅速。“医学免疫学”课程是华西基础医学与法医学院面向全校开设的医学专业基础课程。该课程主要介绍免疫器官、免疫细胞及免疫分子的结构与功能，免疫应答的主要过程与调控，以及临床相关疾病的免疫学病理与治疗。该课程的教学目标是通过学习使学生掌握免疫系统的基本结构与功能，了解免疫系统对机体的保护和损伤作用，为其他医学专业内容的学习和理解打下基础。

李　楠/四川大学华西基础医学与法医学院

李楠，2000 年毕业于复旦大学生命科学学院获得学士学位，2010 年毕业于美国范德比尔特大学（Vanderbilt University）获得生物学博士学位。之后在美国洛斯阿拉莫斯国家实验室（Los Alamos National Laboratory）从事科研工作。2014 年进入四川大学基础医学与法医学院免疫学教研室任教。主要科研方向为肿瘤或应激环境下非编码 RNA 在免疫系统中的功能。发表 SCI 学术论文 9 篇，总计被他引 300 余次，著有非编码 RNA 及医学免疫学相关的综述和书籍若干。获四川大学课堂教学质量优秀奖，四川省卫生计生委学术技术带头人后备人选。

从知识灌输到能力培养
——非标准答案考核的思考与实践

四川大学华西基础医学与法医学院　李　楠

建设世界一流大学不仅要求我们教育工作者要具有国际化的视野，积极学习国际顶尖学府的先进教育理念和教育实践，更要求我们放眼未来，弯道超车，积极思考和创新适合新时代的教育内容和方式。近年来，人工智能的迅猛发展正在深刻改变人类社会的生产生活方式、改变世界。大数据、人工智能的时代为高等教育提供了新的机遇和挑战。有人预测 30 年后，不仅重复性体力工作岗位，很多技术性职业如会计、金融分析师、影像科医生等也将受到冲击并逐渐消失。未来社会究竟需要什么样的人才？我们的大学应该怎样顺应时代的要求，培养学生什么样的能力，以帮助他们在未来社会立足并引领社会的发展？这值得我们每一个教育工作者深思。我想我们要培养的绝不是擅长死记硬背、头脑中盛满了知识点的“学究”，在这个知识爆炸的时代，有标准答案的知识是学不完的，也没必要全部掌握。在数据、信息的单纯记忆方面，人类完全可以以人工智能作为得力助手。而对多学科复杂信息的综合与提炼、对不同领域信息的整合与决策、提出问题及应用已有知识解决问题的能力，在较长时间内将依然是人类智能完胜人工智能的核心竞争力。

新的时代和建设世界一流大学的历史使命要求我们培养会提出问题、会收集整合信息、善逻辑思辨、能不断探索人类未知领域、有创新创业能力、有高效沟通交流能力的“研究创新型人才”。这迫切需要我们改革传统的“以知识灌输、标准化答案考试为核心”的教育方式和考核手段，转变为“以能力的培养、兴趣潜力的开发为主，以非标准化答案考核为手段”的教育方式。授人以鱼不如授人以渔。思考问题的习惯和动力、思考的逻辑性和科学性，以及善于沟通表达和团队协作等对今后工作、发展更有意义和深远影响的能力比知识的传承更重要。这使得传统的标准化答案考试不再符合教育的需要。标准化答案考试虽然有客观、公平的优点，但是再灵活的题目，也跳不出刻意围绕“知识点”“为了出题而出题”的应试教育局限，而且严重局限于命题人的知识体系和思维模式。而非标准答案考核一方面提供给学生更大的自由度和发挥空间，能显著提升学生学习的兴趣和主动性，促进学生各学科知识的整合和融会贯通；另一方面便于有效锻炼和考查学生思考问题、解决问题、沟通问题的能力。我国现阶段中小学仍以标准化答案考试为主，但是学生走向社会工作岗位后将发现，现实中遇到的问题大部分是没有标准答案的复杂问题。大学时期的教育，应该给学生一个自由探索非标准答案问题的过渡阶段。

在医学免疫学（Ⅰ）的课堂上，我和学生进行了非标准答案考核的实践。该课程对象为华西临床八年制本科生。该考核要求学生 3 人一组，自愿选择感兴趣的、与临床或应用相关的免疫学主题，通过查阅各类书籍、文献，整理制作 9~16 张 PPT 内容的海报，彩色打印在普通 A4 纸上并铺贴在教室四周墙面上，再口头给其他同学展示。各组学生在轮流驻守各自海报前讲解的同时，还需轮流参观学习、讨论并参与评判其他组的展示。教师在开学第一堂课讲解整个课程考核方案时，宣布该考核活动的内容、时间、考核标准。考核举行时间是接近学期末，即学生系统学习过整个免疫学基础理论知识之后，用时 3 课时（一次课）。现场讲演者和听众之间的交流、提问和回答都很亲切、活跃，气氛热烈，包括教师在内都很有收获，是一次很有意义、成功的尝试。该考核活动，一方面通过选题上充分的自由度保证了学生探索的兴趣和积极性，另一方面通过汇报形式上的半正式性保证了轻松活跃的学术讨论气氛。学生通过自己查找资料、内化知识、制作海报、讲解并讨论问题的整个过程，不仅更扎实、更有效地学习到免疫学相关内容，而且也充分锻炼了各项能力。

当然，非标准答案考核总体上对教师提出了更高的要求。从命题到过程指导，到总结反馈，到评分，每一步都是新的考验，需要比标准化考试更高的水平和耗费更多的心力。但这样的尝试是必要和值得的。非标准答案考核的不断研发和完善也必将更好地服务于新时代的人才培养。作为教师，我将不断提升自己的教学和科研水平，以站在更高的层次，把更高效、科学、高质量的教育带进课堂！

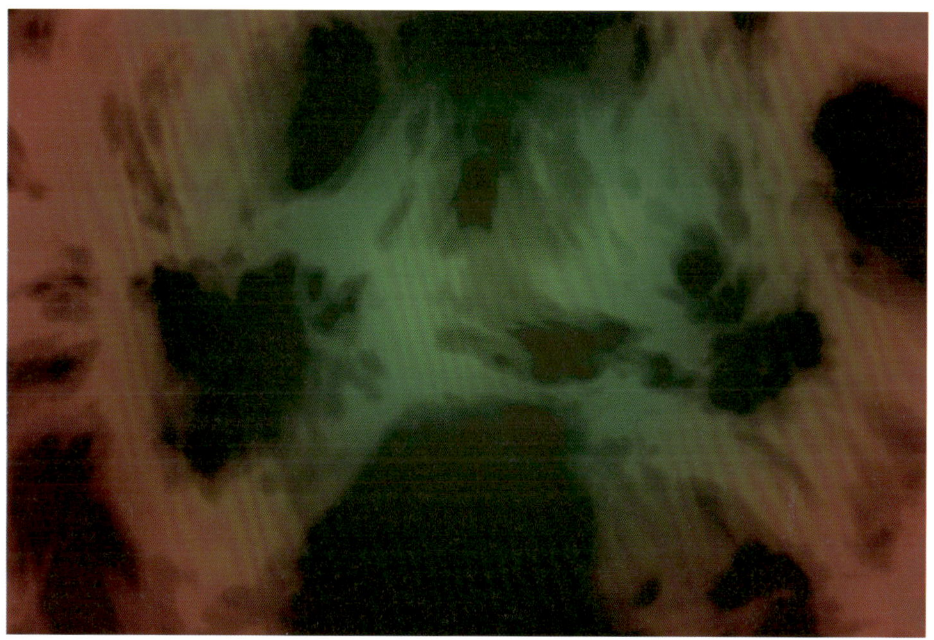

考试题目

题目：

Choose a clinic related topic of immunology, make a poster, and present to the rest of the class. Both the poster and the oral presentation will be evaluated according to the following criteria. a) Is the poster well organized or displayed? b) Is the poster easy to read or understand? c) Has the poster been thoroughly explained? d) Are questions from the audience effectively addressed? e) Did the authors put effort into their work?

试题说明：

该课程对象为华西临床专业八年制学生。该考核要求学生 3 人一组，自愿选择感兴趣的、与临床或应用相关的免疫学主题，通过查阅各类书籍、文献，整理制作 9~16 张 PPT 内容的海报，彩色打印在普通 A4 纸上并铺贴在教室四周墙面上，再口头向其他同学展示。各组学生在轮流驻守各自海报前讲解的同时，还需轮流参观学习、讨论并参与评判其他组的展示。评分标准包括海报制作和口头讲解两部分。要求海报的编写清晰简洁，有逻辑，多图少字，字大容易看清，且注明信息及数据来源；口头讲演透彻易懂，并能有效回答或讨论听众的提问。教师在开学第一堂课讲解整个课程考核方案时，宣布该考核活动的内容、时间、考核标准。考核举行时间是接近学期末，即学生系统学习过整个免疫学基础理论知识之后，用时 3 课时（一次课）。

学生答案（节选）：

华西临床医学院　郭佳隽　2015181622011 / 王嘉毅　2015181622044
房　乾　2015181622008

Infection Source

Nearly 99% rabies of human are rabies camina（犬类狂犬病）

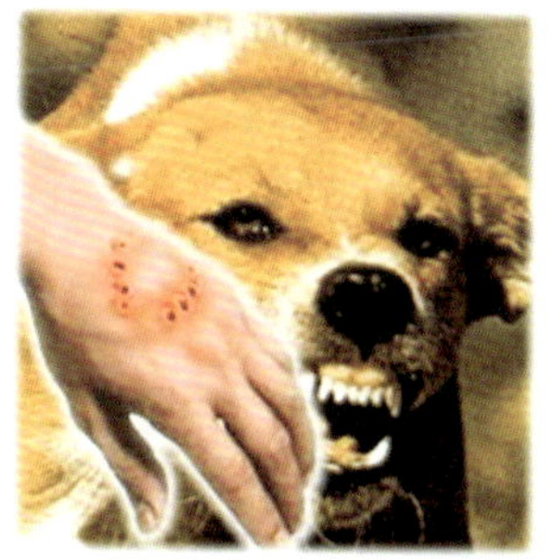

蝙蝠、狐、豺、狨猴、猫鼬和浣熊等野生动物

学生答案

Taxonomy & Virion Structure
——RABV
Envelope
G protein
L protein
P protein
Nucleocapsid
(N protein + RNA)
M protein
Fig 1: Diagram of rhabdovirus virion
LBV
MOKV
EBLV-2
DUVV
EBLV-1
ABLV
RABV
Lyssavirus
Fig2: Taxonomy（分类系统）
Typically, mature virions appear either as bullet-shaped particles with one rounded and one flattened end, or as bacilliform（杆状的）particles that appear hemispheric at both ends
The length of the virion is dictated by the length of the RNA genome.

Pathogenesis（发病机理）
Skin injury
• First line of defense
Replication
• In muscle tissues
PNS
• Through motor end plate and axon
dorsal root ganglion
• Through axon and synapse
CNS
• Diffuse outside of CNS
Abneural organs
• Non-nervous system
Transcription
Genome
Replication
Antigenome

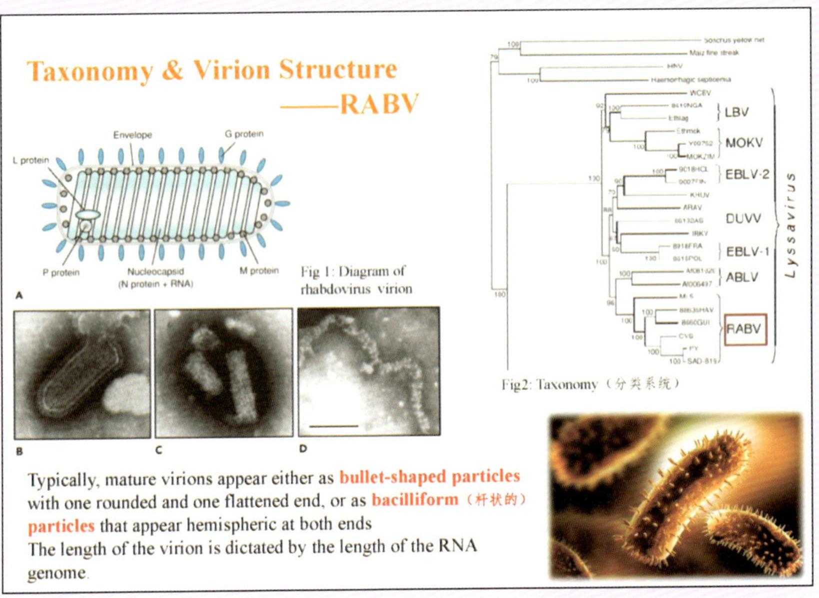

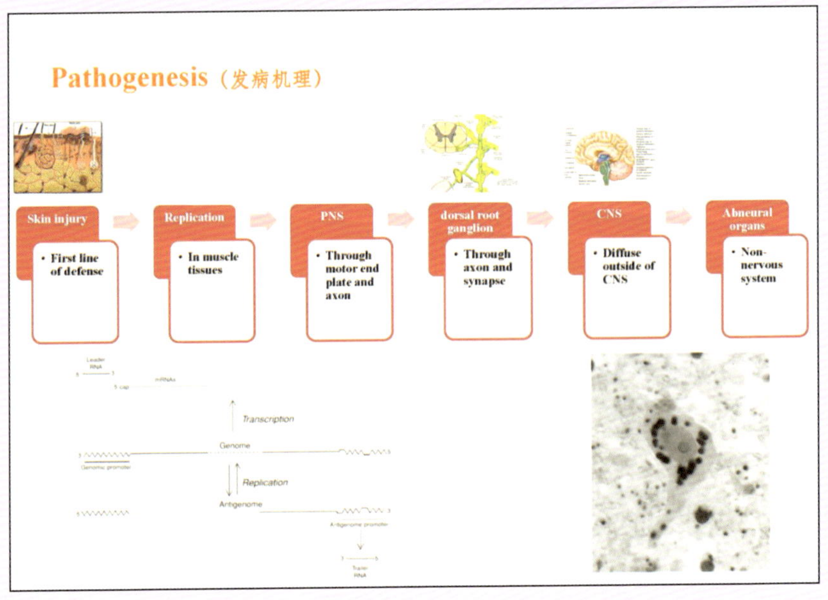

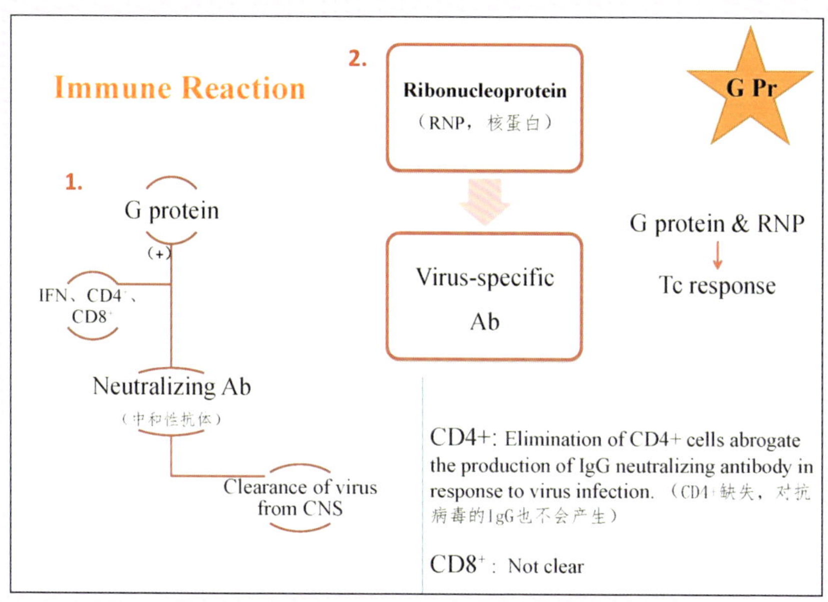

Sequester the Immune System

Phosphoprotein 磷蛋白	Nucleoprotein 核蛋白	Matrix protein 基质细胞
✓ 影响核体结构 ✓ 抑制IFN信号转导与级联 ✓ 影响IFN调节因子 ✓ 抑制树突状细胞成熟	✓ RNA衣壳化防止被PRR识别	✓ 与起始因子竞争翻译 ✓ 参与细胞凋亡

学生答案

Clinical classification

临床表现分型	分布	损伤部位	传播途径
狂躁型	世界性（主要是亚洲）	中枢神经系统	犬、猫等哺乳动物
麻痹型	泰国和印度，我国不超过10例	多损伤脊髓和延髓	吸血蝙蝠等

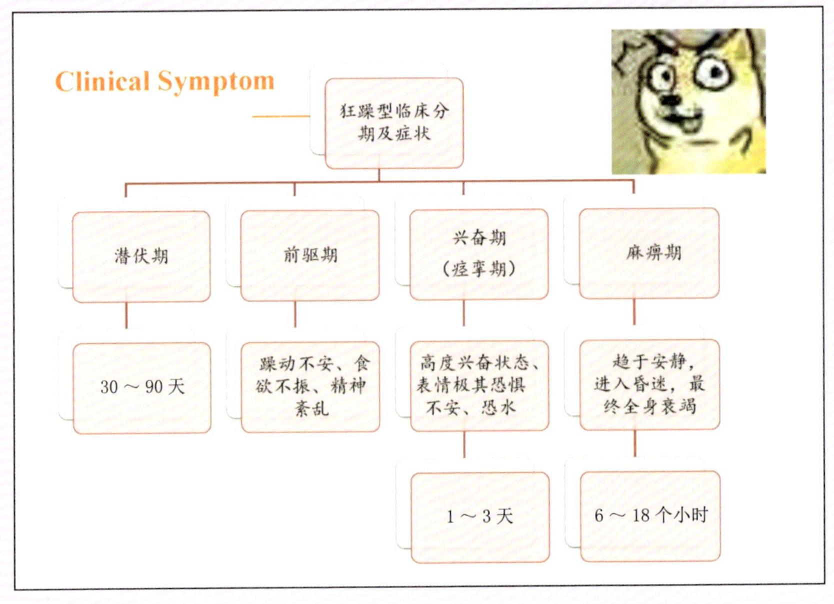

Clinical Symptom
——麻痹型

- 病人活动异常：**疼痛、麻木、虚弱到瘫痪**，反射可能丧失，麻痹延续。
- 麻痹可同时发生于**所有肢端**。
- 涉及运动、感觉和交感神经系统的联合受累，腹胀、共济失调、声带麻痹（故称为“**哑狂犬病**”）。
- 对称的上行麻痹：大小便失禁、上行性脊髓麻痹样表现。
- 恐水和其他狂躁症状在病程最终发生或完全**缺如**。

Popular Science

为什么注射狂犬病疫苗能预防狂犬病？

- 狂犬病毒只有一种血清型，世界各地的狂犬病毒**抗原性质相同**。
- 接种狂犬疫苗后，人体血液中可出现**抗狂犬病毒抗体**。
- 抗狂犬病毒抗体可**防止病毒在细胞间直接传播**，减少病毒的增殖量，同时还能清除游离的狂犬病毒，阻止病毒的繁殖和扩散。

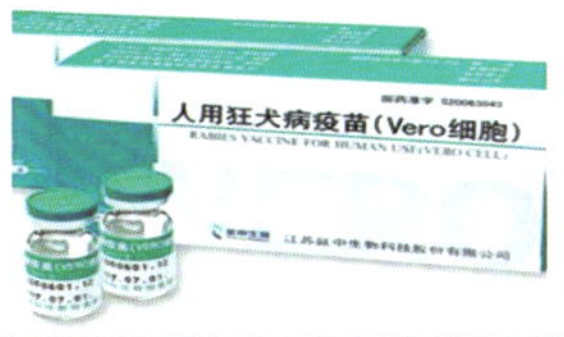

学生答案

Popular Science

- 狂犬病疫苗的不良反应及防治措施：
  - ✓ 轻度的过敏反应，患者一般可耐受，不影响免疫过程及结果。
  - ✓ 严重时可造成过敏性休克（发生率很低）、重症荨麻疹等并发症。
- 疫苗的安全性怎么样？
  - ✓ 十分安全，WHO强调狂犬病疫苗必须完全灭活，不含活病毒。
  - ✓ 检查活病毒的方法是将疫苗成品注射到对狂犬病毒最敏感的细胞或动物中，进行热原试验和小白鼠及豚鼠的异常毒性试验。

References

1. **David M. Knipe, Peter Howley, Fields Virology (6th edition) [M], Lippincott Williams & Wilkins (June 17, 2013).**
2. **中国疾病预防控制中心. 狂犬病预防控制技术指南（2016版）[J]，中国病毒病杂志，2016.**
3. Hooper DC, Morimoto K, Bette M, et al. Collaboration of antibody and inflammation in clearance of rabies virus from the central nervous system. *J Virol* 1998;72:3711–3719.
4. Lodmell DL, Esposito JJ, Ewalt LC. Rabies virus antinucleoprotein antibody protects against rabies virus challenge in vivo and inhibits rabies virus replication in vitro. *J Virol* 1993;67:6080–6086.
5. Stanley AP WO, Paul AO, Vaccines[M], 6th ed. London :Elsevier Science, 2013.
6. Scott TP, Nel LH. Subversion of the Immune Response by Rabies Virus. Ploss A, ed. Viruses. 2016;8(8):231. doi:10.33908080231.
7. 余永新. 狂犬病和狂犬疫苗[M]. 2版. 北京：中国医药科技出版社，2009.

教师点评

现场的讲演者和听众之间交流、提问和回答都很亲切、活跃，气氛热烈，如同一场思想活跃的学术盛宴，令包括教师在内的所有参与者都非常有收获，是一次很有意义、成功的尝试。每组同学都有各自精彩的选题和展示，其中不乏肿瘤免疫、肠道微生物与免疫、神经免疫等前沿领域。2015级的郭佳隽、王嘉毅、房乾同学从流行病学、免疫学、病毒学等多角度系统详细地介绍了狂犬病毒和狂犬病的发病机制、临床表现和治疗等内容，思路清晰、图文并茂、简洁易懂又具有深度，受到普遍欢迎和好评。

临床医学导论 -3（各学科概论）

课程号：502418020

课程简介

医学不断进步发展，学科越分越细，完全以学科为基础来设计的课程体系必然会使课程数量越来越多。如何在有限的在校教育期间，让医学生的课程更加有效？北美医学院校在 20 世纪 60 年代开始了整合课程的探索，将多个学科内容整合在一门课程之中。我院于 1998 年在全国率先开设新型整合课程——“临床医学导论”。

本课程的教学目标：医学生职业素养教育；早期接触临床以激发学习热情，逐步认识医生角色和医患关系；在了解临床医学概貌的基础上，拓宽知识面，不遗漏现行课程体系下未涵盖而医学生又必须了解的内容。

本课程对相关的临床学科仅仅是一种“导论”和前沿的指引，让医学生在基础学习阶段就对将来的临床学习有所了解，正确认识基础与临床的关系，通过临床教师前移教学，加强医学生的职业素养教育，树立正确的职业价值，了解职业行为和伦理，加强学生对“人”“健康”的认识，加强学生的交流与沟通能力，加强对社会和公众健康的关注，进行正确的自我评价和对照医生能力的要求进行自我反思与能力培养规划。

卿 平／四川大学华西临床医学院（华西医院）

卿平，讲师，临床医学导论系列课程负责人，医学学士，教育学硕士，国家二级心理咨询师，华西临床医学院（华西医院）教务部部长，兼任教育部临床医学专业实践教学分委会秘书处副主任委员、中国高教学会医学教育专委会第五届理事会秘书、四川省住院医师师资培训讲师等。以医学课程设计、考试评估、医学职业素养教育、移动医学教育技术为研究方向，近 5 年应邀在国内医学院校、医院及医学教育学术会议上进行学术报告 50 余次。主持校级以上教改课题 9 项，获国家级教学成果奖二等奖 1 项、省级教学成果奖 2 项，副主编、参编《临床医学导论》等教材及专著多部。

以学为中心
——以考试改革促进自主学习

四川大学华西临床医学院（华西医院） 卿 平

生活在现代社会的大部分人，其一生都与考试相伴——特别是对于幸运或不幸进入医学院的医学生来说，记忆中总有几场考试刻骨铭心。20 年前作为医学生的我，也和同学们一样，为了渐渐逼近的期末考试每日自习不懈，背着那一个个绕口的名词、一个个传说中的重点、一道道历年必考的大题……那时的期末考试，几乎就是成绩的全部了——背得多、记得住，你就能拿到好成绩。但后来进入临床实习以后，我们才发现，成绩高低和临床能力似乎没有那么紧密的关系，面对真实的临床问题，我们需要再次把厚厚的旧教材翻出来重新精读，重新理解、关联、整合……而光有知识还远远不够，还要有临床思维、操作技能、批判精神、敬业与责任心等，似乎是之前那些薄薄的试卷远远不能覆盖与承载的。

后来我也留校做了老师，从事教学管理工作十多年。我看着一届届的医学生那么辛苦地学着、考着、成长着，老师的教育理念从原来的“以教为中心”渐渐转变为“以学为中心”——更多关注学生、学习和学习过程，医学考试也发生了巨大的变化。首先，笔试不再是考试的全部了，从原来的“期末考试论英雄”，到现在的“全程好才是真的好”，过程考核已经占到了 50% 甚至更多，想要拿到高分，学生每次大课或见习都要投入身心。其次，记忆力好的同学不一定占优势了，因为出现了越来越多的临床题干的选择题、案例分析题，需要学生综合应用已学知识，在 TBL（以团队为基础的学习）开卷考试中，学生可以带上手机、笔记本电脑上网查询，考察的不再只是“是什么”，更多的是“为什么”，学生可以和小组成员对答案，拿出依据，整理思路，努力说服对方。考试反馈更多更便捷，以前考试结束后很久才知道一个分数，但是到底哪儿错了，为什么错了鲜有人知，现在在线考试后马上可以看到成绩，在手机端还可以查到自己的成绩分析、题卷以及答案。另外，现在学生眼里的“应试教育”已完全不是传统的概念，他们要应对的考试，还包括临床技能考试、临床思维口试、标准化病人、老师的观察评分、小组同伴的评分……你不仅要自己做对，还要在团队中表现优异。

我的大学同学白浪老师是感染性疾病课程负责人，他也有“依考促学”的妙招——他拆分知识点让每个学生自己出题——不光要出题干和选项，还要写答案解析，写选项鉴别的知识点。为了出好一道题，学生光看教材还不行，还要泡图书馆或上网查询大量最新文献。而白老师也付出了比原先出题判卷多上几倍的时间，用于批阅每一个同学出的题目，他说这才是“深度学习”，学生比单纯做题、背题学到更多东西。

我参与教学的课程临床医学导论、职业素质拓展模块等，都是采用“非标准答案”考试。一年级的新生还没有接触专业知识，但他们分组找到感兴趣的医学话题，分工学习、分享所得、合作形成汇报幻灯，随机抽选代表作报告。二年级的医学生从身边媒体宣传发现医学问题，用已学或新学知识去思辨、批判——在这个过程中，他们享受着独立学习，享受着团队合作，享受着探索新知，师生都越来越清楚——考试不是学习的终结，而是学习的过程，考试也是学习的一部分。

在银杏纷飞的华西临床教学楼，学生刚刚举办了今年的“我的学习我做主——医学生自主学习设计与实践大赛”。同学们围绕着课堂教学、考试、课外实践提出了各种奇思妙想，师生齐聚一堂头脑风暴。大家欣喜地发现，学生正在真正成为学习的主角，他们面对的考试不只是课程学习这几年，考试真的是一辈子的事情——特别是穿着白大褂，看着病人满含希望或面带绝望地把性命交在自己手上的时候，这场考试，不能不及格！

考试题目

题目:

请从公开的传统媒体或新媒体（如公开出版发行的报纸、杂志，电视，各种网络媒介，微信订阅号，学术期刊等）上，找出你认为内容存在科学性问题的医学科普文章、观点存在偏颇的医学－社会学研究结果或学术评论，以及医疗卫生行业焦点新闻事件的媒体或公众评论，进行批判性分析，纠正其中的谬误，并阐述你的观点和论据。

考试要求:

题目自拟，字数不限，以你认为能完整阐述自己的观点和论据为宜；附上原文件，可以是各种文章的纸质版扫描件、网络版链接、图文截图或相关音视频链接等；阐述清楚你认为问题何在、你的观点是什么、有什么证据，并提供参考资料、数据等。

学生答案一（节选）：

华西临床医学院　刘方钰　2015151621081

食物相克——谣言还是事实？

一直以来，网络上、电视上等都会对食物相克这个名词大加鼓吹，流行着许多食物相克中毒的说法，最常见的比如螃蟹不能和柿子一起吃，花生不能和黄瓜一起吃，大蒜不能和蜂蜜一起吃，绿豆不能与狗肉一起吃等，否则会由于各种各样的原因引起中毒甚至死亡。可是这些由来已久的食物相克的传说，真的有科学依据吗?

其实早在 20 世纪 30 年代，国内就已经有专家在动物和人体做过实验证伪了食物相克的说法。中华人民共和国成立后，我国的营养学家和生物化学家都曾经对所谓食物相克的问题做过比较详细的科学实验。在实验中，研究人员把常见的食物相克的食物搭配混合在一起，用来喂食白鼠、狗、猴子，长期观察之后发现，不管是动物还是人，在生理上、行为上并不会引起不良反应。近年来也有很多医学机构做过更严格的实验，证明食物相克现象并不存在。

然而，食物相克的说法仍然层出不穷，生活中也可能确实存在着类似食物相克导致消化道症状的现象，这又怎么解释呢?

就拿螃蟹和柿子不能同食为例，其实闹肚子大多数情况下与这种搭配并没有什么关系。螃蟹在很多情况下由于蟹壳清洗不干净、没有彻底煮透，单独吃就很容易感染肠道细菌。而柿子本身由于含大量鞣酸，一次性食入过多也容易引起消化道反应。所以，只要不吃太多柿子，一次不吃太多柿子，螃蟹洗干净煮熟，同时对海鲜又不过敏，这两种食物搭配是没有什么问题的。

学生答案

学生答案二（节选）：

华西临床医学院　何文博　2015151621043

生活中补钙误区

批判一：为大脑补钙的最佳食物是豆类食物，如黄豆、豆腐等，但豆奶的效果并不好，因为豆奶中含有的少量乳糖会影响钙在大脑神经元中的作用。

原文件：http://care.39.net/a/2011823/1785124.html
http://mt.sohu.com/20151205/n429885411.shtml
http://www.39yst.com/20110112/27987.shtml

这是一条许多健康网站上的观点。实际上这个观点存在三方面的错误。

错误一：补钙的最佳食物是奶制品，而非豆类食物。

错误原因：

《预防医学》第 6 版中明确指出：钙的食物来源应从钙含量和吸收利用率两方面考虑。补钙的过程取决于三个因素：摄入量、吸收率、生物利用率。奶及奶制品是钙的良好来源。

根据《预防医学》食物成分表，豆类食物如黄豆 100g 含钙 191mg,100mg 豆腐含钙 164mg, 而 100 克牛奶仅含钙 104 毫克左右。比较之下，牛奶的含钙量在各种食物中的确不能算是最高，一些海藻、干的小鱼小虾、芝麻等的钙含量都比牛奶要高。但是，第一，牛奶中有 90% 都是水，如果部分水去掉，其钙含量可以提高接近 10 倍，因此一些奶制品的钙含量会大大提高。第二，牛奶中的钙的吸收率达到32% 以上。因为牛奶中三分之一的钙是以游离态存在的，直接就可以被吸收，另外三分之二的钙结合在酪蛋白上，这部分钙会随着酪蛋白的消化而被释放出来，也很容易被吸收。第三，牛奶中的钙的生物利用率也特别高。当同时吸收钙和磷的比例在 0.5 到 3 之间的时候，钙被保留在骨头上的效率最高。而牛奶中钙和磷的比

例在 1.3。第四，牛奶含有丰富的钾和镁，还含有促进钙吸收的维生素 D、乳糖和必需氨基酸。

错误二：豆奶中不含有乳糖。

错误原因：

豆奶是大豆经研磨后，萃取性状良好的呈乳白色至淡黄色的乳状液体制品。乳糖在自然界中仅存在于哺乳动物的乳汁中，各类植物性食物中是不含乳糖的。

错误三：乳糖影响钙的作用。

错误原因：

乳糖能促进钙的吸收。乳糖在肠道内不易被分解，可在肠道内长时间滞留。乳糖经乳糖酶作用后形成有机酸，会使肠道 pH 值下降，在酸的作用下可促进钙离子的吸收。另外，乳糖分解后形成的葡萄糖也有促进钙质吸收的作用。

学生答案

学生答案三（节选）：

华西临床医学院　耿际雯　2014141661034

正确认识心脏支架手术
——批判《可怕的心脏支架》

1. 引言

随着网络等新媒体的发展，人们有更多便捷的途径来获取信息。论坛就是其中之一。人们可以在论坛上发表自己的观点并与他人讨论。我们常见的论坛有知乎、豆瓣、丁香园等。虽说如此，但论坛上的文章，尤其是科普性文章的可信度却值得推敲。

前几年，一篇名为《可怕的心脏支架》的文章，在各种网络媒体被大量转发。原文作者打着“科普”的名义，采用过于偏激的语言颠倒黑白，对心脏支架手术进行了一系列的批判，误导大众，扭曲事实。

本文主要分析《可怕的心脏支架》一文中存在的问题，并有针对性地进行纠正，希望可以帮助大家正确认识心脏支架手术。

2. 原文回顾

【可怕的心脏支架！】让我们重新认识缺德手术

链接：http://www.laizhouba.net/thread-1021866-1-1.html

3. 导论

3.1 心脏支架手术现状简述

随着我国人民物质生活水平不断提高，各类心血管疾病的发病率也不断上升。心脏支架又称冠状动脉支架，是心脏介入手术中常用的医疗器械，具有疏通动脉血管的作用。近年来，心脏支架植入已经成为治疗冠心病的主要方法。[1] 随着临床研究的不断深入，心脏支架手术也越发成熟。目前国内临床上最常使用的是第

三代支架，即药物支架。顾名思义，该支架上带有防止血管内皮过度增生的药物，药物随着支架一同进入血管。不仅如此，目前第四代支架技术也被逐渐应用于临床。第四代支架最大的特点是可降解，它不仅缓解了病人的症状，给病人带来更多的治疗时间，还最大限度地减少了临床副作用。

3.2 原文中存在的问题简述

原文曾在各类媒体引起一时轰动，它标题中的“可怕”“缺德”等词吸引着人们的眼球，误导人们传播它偏激、错误的言论。原文不仅观点偏颇，更存在一些科学性的医学错误甚至平白无故捏造事实。从心脏支架手术现状、价格、安全性到术后辅助治疗和恢复等方面，没有一项符合客观实际，无一不误导群众。

4. 具体问题及其分析、纠正

4.1 心脏支架手术现状

原文中提到“实际上这种在中国普遍使用的手术在国外 20 世纪七八十年代就淘汰了”，事实上，这一言论毫无依据可言。目前中国的各方面实力都增强了，不再像以前一样处于落后的状态，医学也是如此。中国医学在临床治疗和医学研究方面都取得很大的进展、成果。中国不再需要完全依靠国外的输入，而是逐渐尝试自给自足。现在中国的医疗水平不可能处在国外 20 世纪七八十年代的水平，我国医疗现在不仅与时俱进，更做到了创新开拓，有些甚至在世界上处于领先水平。

根据美国心脏协会的数据，在美国，每年施行的非急诊冠状动脉支架手术超过 40 万例。[2] 心脏支架手术在医疗发达的美国、德国目前仍然被广泛运用，且心脏支架的治疗手术也比较成熟。

与此同时，关于心脏支架手术的研究也没有停止过，随着研究的进行，目前存在的问题会被逐渐解决，手术的恢复和效果会越来越好。

学生答案

4.2 心脏支架手术价格

原作者通过虚构人们关心的费用问题，来吸引大众的注意力和共鸣，指出“这种手术在国外就是500~800美元”。500~800美元换算为人民币为3000~5000元，与后文对比的国内3万~5万的价格竟有十倍的差距。然而，根据国际医疗计划联合会 (International Federation of Health Plans) 的数据，截至2012年，在美国，植入一枚支架的平均价格为28000美元。也有报道显示，美国每年有85万以上患者接受冠状动脉支架手术，目前通常的价格区间为11000美元到41000美元或更高，取决于支架的类型和住院时间。[3]由此可见，国外手术价格与国内差距没有原文中所说的那么夸张，甚至比国内还贵。

在国内进行支架手术时，病人可以自由选择采用进口支架还是国产支架，国产支架的价格相对而言会低一些。目前很多医疗器材、手术材料，我国都可以自行生产销售，不需要完全依托于进口外国产品，在一定程度上减轻了病人手术的经济负担。不仅如此，我国还有医疗保障体系和个人保险，病人的手术费用可以根据自身情况进行部分报销，使病人可以更放心地进行治疗。

4.3 心脏支架手术安全性

对于手术的安全性，原文说“做完了这个手术后，就意味着在身体里埋藏了一颗定时炸弹”“这些‘炸弹’是取不出来的，它是一圈铁钉子扎到血管里面，如果撤下来的话，就会留下很多孔，血就会喷出来”。这些言论缺乏科学性和客观性，更是采用夸张的词句，如“定时炸弹”“血就会喷出来”等来恐吓群众，让读者对心脏支架手术产生错误的认识。

目前国内最常用的是第三代支架，即药物支架，支架上附有防止手术部位内皮过度增生、钙化的药物，手术部位发生再次堵塞的概率仅有5%~8%。

同时，随着研究的进行，近年来可溶性心脏支架 (Dissolvable Heart Stent) 也问世。该支架可在生物体内逐渐降解，采用生物降解材料 (如聚左旋乳酸PLLA) 制成，这种材料可降解为二氧化碳和水的聚合物。[4]与金属支架最大的不同就是，这种支架2年左右便会在体内自行溶解，无需终身服用抗凝血药物，且不影响核磁检查。这种支架已经过临床试验，全世界有100多个国家可以提供

这类支架，已用于治疗至少十几万患者。

由此可见，原文中所说的“定时炸弹”实际上也是不存在的。心脏支架虽然存在一定的风险，但相对于患者心脏疾病带来的死亡风险而言，心脏支架显然增加了患者生存概率，提高了患者的身体素质和生活质量。与此同时，原文所指的“取不出的炸弹”问题，也在被逐渐解决，随着相关研究的进一步进行，该手术将更加成熟、安全。装上支架就会发生再次堵塞的说法绝对是危言耸听。

4.4 心脏支架手术术后辅助治疗

做完心脏支架手术并不能达到一劳永逸的效果，术后还需要配合用药，并对病情进行持续的观察。但并不是像原文所说的，“做了这手术终身吃的药就是阿司匹林”“阿司匹林这种药物是最容易致癌的（最近的报道特别多）”。

关于术后终身服药，存在一个误解。患者实施心脏支架手术后，可以缓解症状和不适，但该手术并不能从根本上治疗疾病。患者需要通过服药来缓慢控制疾病的发展，改善病情。冠心病患者要终身服药，调解血液黏稠度，除了阿司匹林，还有钙通道阻滞剂、溶血栓药物、调整血脂药等。而阿司匹林的治疗则是通过影响血小板的功能来实现。低浓度阿司匹林能使 COX 活性中心的丝氨酸乙酰活化，不可逆地抑制血小板 COX，减少血小板中血栓素 A2 的生成，影响血小板的聚集及抗血栓形成，起到抗凝作用。血小板中 COX 对阿司匹林的敏感性远较血管中 COX 为高，因此临床上采用小剂量阿司匹林治疗术后血栓的形成。[5]

阿司匹林的传统药理作用是抗炎和抗血小板凝集，但是近年来它的肿瘤化学预防功能正逐渐被人们所认识。[6]流行病学研究表明，长期服用阿司匹林和其他非甾体类抗炎药物的人群，其发生结肠癌的危险低于一般人。[7]动物实验证明，阿司匹林对化学致癌剂诱发的肠腺癌、胃癌、膀胱癌有抑制作用。[8]

由此可见，原文毫无疑问夸大甚至虚构了药物对身体的损伤。众所周知，药物都有一定的不可避免的副作用，但不能因为它的副作用而否定其本身的价值，并且通过合理用药，我们可以降低药物对身体的损伤，使药物发挥更大的作用。

学生答案

4.5 心脏支架手术术后恢复

原文作者给了读者错误的引导，指出“做了一个支架还不算完事，过了一段时间还要做第二个，第三个，第四个”，让读者误认为该手术类似一个“无底洞”，患者一旦安装第一个支架以后，就不得不继续安装下一个以维持生命，然而真实情况却不是这样的。

首都医科大学附属北京安贞医院主任医师李志忠说：“必须放支架的只有一种情况，就是急性心肌梗死发作时，一做造影，发现血管全部堵死了，就必须马上做支架，不然心肌坏死，患者就会失去生命。除此之外，是否做支架是患者自己决定的。”[9]

有研究表明，行心脏支架手术治疗后积极给予综合护理干预，能够明显缩短治疗时间，加快术后心脏功能复常的速度，降低并发症的发生概率。[10]

5. 总结

原文作者的言论毫无科学性、客观性依据，并且过于偏激，不仅不能起到科普的作用，还容易使读者对心脏支架手术产生错误的理解和认识，甚至可导致患者在面临是否采取心脏支架手术的抉择时，由于该文章的误导而拒绝手术，带来不可想象的后果。

不仅如此，该文章也易让人误认为心脏支架手术和我国的医疗现状都很落后。在当今中国医疗形式复杂、医患矛盾频发的背景下，该文章容易引起群众的恐慌，并进一步加剧群众对我国医生、医疗的不信任，这不利于我国医疗环境的改善和发展。

随着网络等新媒体的发展，我们有更多的渠道去了解关心的问题。健康是人人都关注的，但在人们阅读相关科普性文章时，不能盲目地相信、推广，首先应该确认文章的来源是否可靠，一些来自论坛、微博、微信朋友圈的文章可能不具有真实性。其次，在遇到健康问题时，应该主动求医，采纳医生的建议，听从医嘱。不能单单凭借一篇科普文章而对自己的病情妄下结论，从而影响甚至耽误疾病的治疗。

教师点评

学生答案一、二

这两位学生都是从日常生活中常见的健康相关话题着手，通过查阅专业期刊、科普期刊等，搜索信息、整理信息并分析信息，最终利用获得的信息对伪科学命题进行了科学的阐述，并提出了自己的观点。这个考核的过程融入了学生的批判性思维，培养了学生的信息检索、信息筛选和分析利用能力。我们欣喜地看到，只要能发现问题，学习就会发生。

学生答案三

这位学生从自己比较感兴趣的专业领域中发现了一个传播的谣言，这样的谣言不利于建立医患信任，且利用一些吸睛的字眼如“缺德”“可怕”，在“吃瓜群众”中引起广泛的流传和愤慨。这对部分可能需要安置冠脉支架的患者来说，危害是极大的。该生通过查阅国内外的资料，找准谣言中的各个“论点”逐一击破，可谓是一篇通俗易懂、有科学依据的优秀科普文章。

该生通过此次作业收获的不只是专业知识，也了解了如何给大众做好科学宣教的办法。教育患者这一能力对医者来说是至关重要的，或许我们可以从科普文的撰写开始做得更好，为健康和谐的医患关系尽一份力。

系统整合临床课程（II）
课程号：502600080

课程简介

“系统整合临床课程”是四川大学华西临床医学院在原临床专业核心课程“内科学”“外科学”基础上以器官系统为基础整合修订形成的教学改革课程，内容以执业医师大纲为基准，涵盖原内外科教学的核心内容，包括呼吸系统疾病、消化系统疾病、循环系统疾病、泌尿系统疾病、骨骼运动系统疾病、内分泌与代谢疾病、血液疾病、综合应用（临床技能训练等）等8个模块，让学习者按照系统来学习疾病的病因、发病机理、病理、临床表现、诊断和鉴别诊断、治疗和预防等内容。本课程的学习形式包括课堂讲授、临床见习、小组讨论、基本临床技能培训、床旁教学等。特别强调，临床医学强调理论学习与实践的结合，教学重点是为学习者提供关于疾病诊治的重点信息以及解决临床问题的思路。学习者必须重视课堂以外的各种实践教学环节，按照教学大纲的要求，在临床环境中不断拓展和深入学习，努力提高医学人文素养，掌握有效的交流沟通技能，提高解决实际临床问题的能力。

曾　静／四川大学华西临床医学院（华西医院）

曾静，2000年毕业于华西医科大学，同年留校任教，长期从事教学、临床、科研工作，临床医学博士，副教授，现在心内科／教务部工作。自2008年起担任系统整合临床课程负责人至今，专职负责系统整合课程建设、质量监控和管理。四川大学2007年青年骨干教师，华西医院2009年度教学先进个人，先后荣获多项教学奖项。所负责的系统整合临床课程申报多项省级课题，荣获四川大学2016年教学成果一等奖，并获得其他多项“探究试一小班化”教学和考试改革奖。参编人民卫生出版社出版的各种学术专著8本，其中副主编2本，发表SCI论文2篇，其他第一作者中文学术论文10篇。

医学教育中标准化与非标准化考核的思辨

四川大学华西临床医学院（华西医院）
曾　静　李　侨　左　川　邓　蓓　姜永东

1. 标准化背后的知识观思辨

考试本质是一种评估和测量，其根本目的是甄别测评对象的某方面素养、能力。标准化考试（Standardized test，Standardized assessment）是为了严格控制误差而在命题、实施、评分以及分数解释等环节统一流程的考试，是现代教育制度和考评中重要的构成部分[1,2]。标准化考试的核心在于“标准”，然而是谁，根据什么制定了怎样的标准，归根到底是知识观的问题。

理性主义知识观认为，世界万物背后存在着普遍性，绝对的、客观的真理；人是理性的动物；而知识则是理性对客观理念世界的反映，因此人应当且能够寻找到认识世界的唯一客观的真理。教师的使命是传授真理，学生学习真理并在考试中重现。在现实的教学实践中，真理具象为教材、指南或者参考书，体现为各种各样的标准答案。标准化考试的泛滥和对教师权威的绝对服从都是这种理性主义知识观的真实体现[3,4]。

现代西方哲学则强调“哲学的终结”，后哲学文化反对实证论的本质主义，要去除哲学的真理垄断地位，科学主义、虚无主义和本质主义正是现代哲学的特征[5]。伴随着解释学、解构主义等后现代主义知识观的兴起，真理的客观性、绝对性、权威性、普遍性受到空前的批判和质疑。后现代主义知识观更强调批判性知识观，认为知识具有不确定性、情境性、开放性、动态生成性，具有“文化涉入”性、个体性、差异性。知识观的转变对标准答案以及标准化考试的合理性形成了巨大挑战[3,4]。

2. 对标准化考试的反思

尽管标准化考试在现代教育制度中占有重要地位，但相关的审视和反思从未停止。20 世纪 80 年代，美国联邦政府建立了以标准化高利害测评为核心的学业问责制度，并在 2002 年的《不让一个孩子掉队法》(简称 NCLB) 中将标准化测评推向教育改革的顶峰。然而，在追求学业问责制度设计的科学性与有效性理念下，美国各州渐趋一致的高标准、多元化考试测评实践并未收获其期许的教育质量提升，甚或加剧了教育的实质不公[6,7]。国内教育界在教育理论、教育层次和教学学科等不同维度对标准化考试的弊端进行了诸多的探讨。强调标准答案具有时代性、个体性、排他性、情景性，复制“标准知识”，揣摩迎合出题老师的“标准答案”并非教育的根本目的，知识能力的培养才是教育的本质。对标准化答案的过度推崇导致标准化考试的泛滥，使学生的创新认识因不够“标准”无法得分，进而限制学生的创新意识，不利于创新能力的培养[1,8,9]。有鉴于此，2015 年国务院办公室明确提出改革教学方法和考核方式，注重考查学生运用知识分析、解决问题的能力，探索非标准答案考试，破除“高分低能”积弊。

3. 非标准化考试在医学教育中的应用价值

医学教育作为精英化的高等职业教育，着眼于培养卫生服务的专业人才[10]。

医之路以测评考核众多著称，目前常规的考试多侧重于医学专业知识和技能评估，方式以标准化考试为主。典型例子包括美国执业医师资格考试（United States Medical Licensing Examination，USMLE）、中国执业医师资格考试、全国医学专业硕士入学考试。

标准化考试自身的优点决定了其在医学教育中的广泛应用，但非标准化考试在医学教育中也具有重要价值。

其一，医学教育的培养对象、服务人群都是具有社会属性和个体差异的人。貌似相似的病情，实质是一个错综复杂，极具个体差异性和时间性、场景性的过程。这决定了医疗服务和医学教育本身无法被完全标准化。

其二，医学教育中学历教育和资格考试、筛选考试的目标并不一致，从这个角度来看，目前考评有明显的唯标准化考试，方式单一的态势。学历教育进行教学测评更应是形成性考核，在学生受教育期间通过动态的测评发现自身知识结构和能力问题，修正教学方法以最终达到学生能力提升的目标。而标准化考试作为一个模板限制了学生的主观能动性和创新思维。应试者在考试中揣测合乎命题者想法的答案以符合“标准”，和他在实际医疗工作中表现出来的能力可能相去甚远。

更为重要的是，IIME（Institute of International Medical Education，IIME）在《全球医学教育最低要求》文件中对医学教育的内涵进行了清晰的界定，其中多数的内容，如批判性思维、职业精神、沟通和人际关系能力等都无法通过单纯的标准化考试进行有效评价[11]。为此，西方学者更强调胜任力（Competence）[12, 13]在医学教育测评中的重要性，认为医学生在日常工作 / 学习场景中出于个人习惯、价值、知识和技能等而表现出的综合能力是评价的根本。国内有学者认为这是医学教学改革的方向[14]。标准化考试偏于知识的知晓展示，对深层次认知水平和综合能力体现不够。考核对象的认知、学习、时间和信息管理，关系处理和情感等各种维度的能力也需要非标准化考试来加以展现和评估。

因此国务院要求着眼于能力而非知识的考核改革，探索非标准答案考试在高等医学教育中有特别的意义。目前在医学教育测评中有哪些常用的非标准化考试的方法，侧重于评估受试者个人能力的哪些方面，其信度和效度如何，这些都是推行非标准化考试急需解决的问题。

参考文献

1 李忠．标准化考试的实质及引发的教育问题［J］．河北师范学报（教育科学版），2010, 12（12）:5-10.

2 国家教育委员会学生管理司．标准化考试简介［M］．北京：高等教育出版社，1985.

3 胡芳．知识观转型中教师主体性的回归［J］．高教发展与评估，2010, 26（5）:68-75.

4 王金娜．论标准答案霸权——基于知识观的视角［J］．现代教育管理，2014,（2）:79-83.

5 张汝伦．马克思的哲学观和"哲学的终结"［J］．中国社会科学，2003,（4）:44-54.

6 张家勇，张家智，张跃庭．美国标准化考试改革［J］．比较教育研究，2003, 2（153）:81-85.

7 王瑜．理想与现实的悖反：美国基础教育学业标准化测评体系评析［J］．现代教育管理，2015, 7:31-35.

8 韦余东，赵璇．"标准答案"审思［J］．教育科学论坛，2011（10）:83-85.

9 张岩．从"标准答案"到"评价标准"：知识观转向与历史学科素养评价的新思路［J］．课程·教材·教法，2016, 36（1）:95-103.

10 苏博，刘鉴汶．高等医学教育学［M］．北京：人民军医出版社，2004.

11 I. f. I. M. E. Core Committee. Global minimum essential requirements in medical education［J］. Med Teach, 2002, 24（2）:130-135.

12 R. M. Epstein. Assessment in medical education［J］. N Engl J Med, 2007, 356（4）:387-396.

13 R. M. Epstein and E. M. Hundert. Defining and assessing professional competence［J］. JAMA, 2002, 287（2）:226-235.

14 张莹，张锦英，徐军，等．基于胜任力的转化式学习：医学院校本科教学的改革路向［J］．医学与哲学，2017, 38（570）:66-69.

考试题目

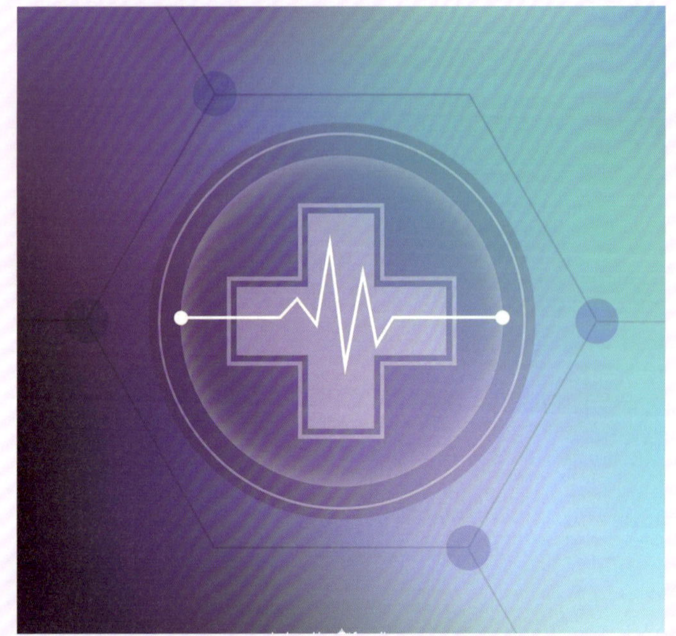

题目：

小组自主命题。

试题说明：

1. 每个见习小组以组为单位在规定时间内讨论协商并提交一个有价值的值得思考的问题，提交问题的参考答案。

2. 通过课程中心网站（cc.scu.edu.cn）小组任务（PBL 小组）完成命题任务讨论和提交成果报告。

3. 成果报告可以是 WORD 或者 PDF 格式。内容包括：

（1）问题（满分为 10 分）。

（2）题型自定：可以是一个病例分析，也可以串型选择题，也可以是问答题，或者思考题。

（3）参考答案（得分分值分布，如答案不唯一，则几种思路分别给出分值分配）。

（4）参考文献（格式规范）。

（5）得出参考答案的思路或者是答案的来源解析。

（6）你们小组的看法、收获。

（7）标明小组各个成员的贡献，例如主要执笔人等。

（8）没有明确的字数要求。

4. 所出题目在教研组批改修订后会用于另一个临五班的在线作业，举例：1-3 班所出题目，用于 4-6 班本轮次的在线作业，同理类推。

5. 作为命题组成员，请遵守出题教师规范，务必对题目、成果报告和参考答案保密。

6. 小组任务的评分标准：

（1）根据成果报告的完成质量，由负责的老师和助教各 1 人进行各自独立评分（满分 10 分制），取二者平均分。

（2）报告质量的评估标准包括：①文档的格式和书写质量；②问题和答案的质量，是否体现同学有价值的思考点；③信息检索和管理能力（含参考文献质量）。

（3）同学在课程中心网站小组任务中讨论的参与情况。

（4）学生评价：参与在线作业的另一个临五班同学认为最有价值、值得思考的题目，评分最高的 4 个小组获得额外奖励评分。

学生答案

学生答案一（节选）：

华西临床医学院 杜鸿宣 2013151621010 / 景星滔 2013151621101
向 巧 2013151621091 / 陈晓青 2013151621026
卢 晨 2013151621042 / 吴定旺 2013151621075
肖洪秋 2013151621076 / 杨 慧 2013151621017
戴子豪 2013151621109 / 刘若琳 2013151621059
丁 宁 2013151621058 / 陈仕东 2013151621108
关利平 2013151621027 / 熊吉文 2013151621009
王嘉航 2013151651084 / 肖 月 2013151621092

患者，女，53 岁，一年前在感冒后出现咳嗽、咳痰、呼吸困难、声音嘶哑，无其他症状。自行服药后咳痰、呼吸困难缓解，声音嘶哑无缓解，但未再予重视。2 小时前，患者运动后出现烦躁不安、大汗、频繁恶心呕吐、上腹胀痛，无乏力、晕厥、胸闷、心悸。查体见：双颧绀红，口唇轻度发绀，脉搏不整齐，心尖搏动扪不清，听诊心率快，心律不齐，心尖区舒张期低调隆隆样递增型杂音，S1 强弱不等，P2 亢进，胸骨左缘第二肋间闻及舒张期递减型吹风样杂音，心电图示 P 波消失，心律不规则，II、III 导联见病理性 Q 波，ST 段抬高。既往史：20 年前感冒后出现双侧膝关节疼痛，外院诊断为风湿性关节炎，无高血压、糖尿病、高血脂。个人史：不吸烟，不饮酒，自小饮食清淡。

1. 请谈谈你的诊疗思路（辅助、实验室检查，最有可能的诊断，相应治疗）。

（1）心电图显示，患者急性下壁心肌梗死，应首先进行心肌再灌注治疗（答到此点得 0.5 分，排序第一得 0.5 分）。

（2）完善患者检查：超声心动图、胸片、心肌标志物、血常规等检查。

（3）最有可能的诊断为风湿性二尖瓣狭窄、肺动脉高压、房颤、急性心肌下壁梗死。

（4）治疗。

药物治疗：①抗凝治疗，华法林抗凝至手术前；②尝试药物转复，IA（普鲁卡因胺）、IC（普罗帕酮）、III 类（胺碘酮）；③扩张静脉系统、减轻心脏前负荷的硝酸酯类药物控制肺水肿；④控制心室率，β 受体拮抗剂、钙通道阻滞剂或洋地黄类，控制心室率 < 110 次 / 分。

手术治疗：择期行经皮球囊二尖瓣成形术 / 二尖瓣分离术 / 二尖瓣置换术 + 射频消融术。

2. 住院后 2 小时突发严重呼吸困难，咳粉红色泡沫痰，听诊双肺布满湿啰音和哮鸣音，NT-proBNP 分泌升高。你认为此时该病人的疾病进展如何？应如何处理？

该患者住院后两小时突发严重呼吸困难，咳粉红色泡沫痰，双肺湿啰音和哮鸣音，结合入院诊断（风湿性二尖瓣狭窄、肺动脉高压、房颤、急性心肌下壁梗死），患者本身患有心脏疾病，可考虑急性左心衰竭，NT-proBNP 阳性可帮助诊断。

1. 基本处理（0.5 × 4=2 分，答到 4 点得满分）。

（1）体位：半卧位或端坐位，双腿下垂，以减少静脉回流。

（2）吸氧：立即高流量鼻管给氧，严重者采用无创呼吸机持续加压或双水平起到正压给氧，增加肺泡内压，既可加强气体交换，又可对抗组织液向肺泡内渗透。

（3）静脉通道开放。

（4）镇静：吗啡 3~5mg 静脉注射，镇静、舒张小血管减轻心脏负荷。

（5）快速利尿：利尿降低血容量，静脉扩张缓解肺水肿。

（6）氨茶碱：解除支气管痉挛，一定程度上增强心肌收缩、扩张外周血管。

（7）洋地黄类强心药物：加强心肌收缩力，减慢心室率。

2. 血管活性药物（0.5 × 2=1）。

（1）血管扩张剂：动静脉血管扩张剂硝普钠、硝酸酯类、α 受体拮抗剂。

（2）正性肌力药物。β 受体兴奋剂：通过降低外周阻力，增加肾血流量，增加心肌收缩力和心输出量；磷酸二酯酶抑制剂：正性肌力及降低外周血管阻力。

学生答案

答题思路：

根据“患者一年前在感冒后出现咳嗽、咳痰、呼吸困难、声音嘶哑，无其他症状。自行服药后咳痰、呼吸困难缓解，声音嘶哑无缓解”可推测，患者一年前的咳嗽、咳痰、呼吸困难是由感冒引起的，而声音嘶哑不是，应考虑原因为左房扩大，压迫喉返神经，应行心脏彩超、胸片确诊。

由病史“20年前感冒后出现双侧膝关节疼痛，外院诊断为风湿性关节炎”，体征“二尖瓣面容（双颧绀红，口唇轻度发绀），心尖区舒张期低调隆隆样递增性杂音，S1强弱不等”可推测患者可能患有二尖瓣狭窄，可行心脏彩超确诊。

由体征“P2亢进，胸骨左缘第二肋间闻及舒张期递减性吹风样杂音”推测患者可能存在肺动脉高压（Gramham-Steel杂音），可行心脏彩超确诊。

由心电图结果“P波消失，代之以小而不规则的基线搏动，心室率极不规则”可确诊患者患有房颤。

由体征“运动后出现烦躁不安、大汗、频繁恶心呕吐、上腹胀痛，无乏力、晕厥、胸闷、心悸”，心电图“病理性Q波，II、III导联ST段抬高”可考虑患者的急性下壁心肌梗死，而根据病史“无高血压、糖尿病、高血脂。个人史：不吸烟，不饮酒，自小饮食清淡”，患者因冠状动脉粥样斑块破裂导致的急性心肌梗死不太可能，结合房颤诊断，可考虑为患者运动后，房颤导致的左房血栓脱落掉入冠状动脉，导致急性心肌梗死。

整个疾病的进展：20年前患者患有风湿性关节炎，后患有风湿性二尖瓣狭窄，由二尖瓣狭窄导致房颤、肺动脉高压，房颤导致的血栓掉落至冠状动脉后引起急性下壁心肌梗死。

学生答案二（节选）：

华西临床医学院　陈　晨　2013151621032 / 娓玛雍珍　2013151621099
林岷涛　2013151621065 / 柏雪玲　2013151621081
李亭亭　2013151621033 / 王立英　2013151621048
史铁良　2012141493110 / 贾　傲　2013151621097
厉　喆　2012141502041 / 陈樾馨　2013151621082
吴啸岭　2013151621043 / 廖泓宇　2013151621064
戴　薇　2013151621049 / 李宛凌　2013151621114
黑阡育　2013151621016 / 谭　菲　2013151621115

患者 18 岁，女性，学生。因“头晕、头痛、月经量过多 1 月，伴乏力、牙龈出血，发热 4 天”就诊。查体：下肢皮肤可见瘀斑，颈部浅表淋巴结肿大，肝脾肋下未及。行血常规和凝血常规检查，结果如下：

血常规：

项目	结果	单位
网织红细胞计数 RET	0.035	10^{12}/L
网织红细胞千分率	11.9	
幼稚网织红细胞百分比	10.1	%
网织红低荧光强度	89.9	%
网织红中荧光强度	7.6	%
网织红细胞高荧光强度	2.5	%
红细胞计数	2.95	10^{12}/L
血红蛋白 HGB	88	g/L
红细胞压积 HCT	0.25	L/L
平均红细胞体积	85	fL
平均红细胞 HBG 含量	29.7	pg
平均红细胞 HBG 浓度	333	g/L

学生答案

RBC 分布宽度 CV	17.1	%
RBC 分布宽度 SD	53.3	fL
血小板计数 PLT	85	10^9/L
白细胞计数 WBC	1.25	10^9/L
中性分叶核粒细胞百分率	36.0	%
淋巴细胞百分率	50.0	%
幼稚淋巴细胞百分率	5.0	%
中性杆状核粒细胞百分率	5.0	%
单核细胞百分率	4.0	%
原始细胞百分率	/	%
中性分叶核粒细胞绝对值	0.45	10^9/L
中性杆状核粒细胞绝对值	0.13	10^9/L
淋巴细胞绝对值	0.63	10^9/L

凝血常规：

项目	结果	单位
凝血酶原时间 PT	10.6	秒
国际标准化比值	0.90	
活化部分凝血活酶时间 APTT	30	秒
活化部分凝血活酶时间比率	1.05	
凝血酶时间 TT	16.5	秒
凝血酶时间比率	0.96	
纤维蛋白原 FIB	3.87	g/L
抗凝血酶 III	92.5	%
纤维蛋白及纤维蛋白原降解产物	<2.5	mg/L
D-dimer	0.56	mg/l FEU

1. 该患者可能的诊断是什么？为确定诊断，接下来需做哪些检查？（3 分）

患者行骨髓涂片细胞学检查，结果如下：

细胞名称		骨髓片 结果（%）
粒细胞系	中性中幼粒细胞	1.5
	中性晚幼粒细胞	1.5
红细胞系	中幼红细胞	3.5
	晚幼红细胞	7.5
淋巴细胞系	原始淋巴细胞	71.0
	成熟淋巴细胞	13.5
浆细胞系	成熟浆细胞	1.5
粒细胞：有核红细胞		0.27:1
共数细胞数		200

骨髓增生显著活跃，淋巴细胞比例显著增高，原始淋巴细胞占 71%，原始淋巴细胞胞体圆形或类圆形，核浆比高，胞核细致染粉红色，核仁较明显，胞浆量少，无色透亮；粒细胞形态未见明显异常，成熟红细胞大小较均一，中心淡染区未见明显扩大。

碱性磷酸酶染色结果如下：

编号	项目	结果
1	碱性磷酸酶染色	阳性 2/5
2	碱性磷酸酶积分	
过氧化物酶染色	3	
3	过氧化物酶原始细胞	
过碘酸—席夫染色	阴性 1.00	
4	糖原原始染色	阳性 0.51
5	糖原原始细胞积分	68
6	醋酸萘酚酯酶原始细胞	阴性 1.00
7	NaF 抑制后原始细胞	阴性 1.00

学生答案

2. 依据目前的诊断，给出治疗方案。（4 分）

3. 患者经初步治疗后出现头晕、头痛、呕吐、抽搐，请问发生了什么？如何处理？（3 分）

答：可能的诊断：（答对 4 个即可得 2 分）

（1）急性白血病。

（2）淋巴瘤。

（3）骨髓异常增生综合征（MDS）。

（4）急性粒细胞缺乏症恢复期。

（5）多发性骨髓瘤。

（6）病毒感染。

需做的检查：（答对前 3 条即可得 1 分）

（1）骨髓细胞学检查（骨髓象）。

（2）免疫学检查：白血病免疫学积分。

（3）AL 染色体和分子生物学检查。

（4）淋巴结活检（淋巴结印片及病理切片或淋巴结穿刺物涂片）。

初步诊断：急性淋巴细胞白血病。（1 分）

诊断依据：（2 分，答到要点即可得满分）

（1）症状及体征：头晕、头痛，月经量过多，牙龈出血，下肢皮肤瘀斑，颈部浅淋巴结肿大。

（2）实验室检查。

1）血常规检查：红细胞减少，中度贫血；白细胞增多，中性分叶核粒细胞下降，淋巴细胞下降；血小板下降。

2）骨髓象：骨髓有核细胞增生显著活跃；淋巴细胞占比增高，其中原始淋巴细胞占 71%；粒系、红系受抑制，各占 3% 和 11%。

3）细胞化学检查：碱性磷酸酶（NAP）染色阳性，糖原染色（PAS）阳性；髓过氧化物酶（MOP）阴性，非特异性酯酶（NSE）NaF 抑制阴性。

治疗方案：（1 分，答出 VP 诱导缓解治疗即可）

（1）诱导缓解：长春新碱和泼尼松组成的 VP 治疗方案是 ALL 的基础用药。

可加蒽环类药物如柔红霉素和左旋门冬酰胺酶组成 DVLP，是目前常用诱导方案。

（2）缓解后治疗。

1）强化巩固。

①化疗：间歇重复原诱导方案，定期给予其他强化方案，剂量宜大，不同种类交替使用以避免毒性蓄积，如高剂量甲氨喋呤、6- 巯基嘌呤。

② HSCT。

2）维持治疗：口服甲氨蝶呤和 6- 巯基嘌呤的同时间断给予 VP 方案化疗。

（3）一般治疗。

1）防治感染。

2）防治高尿酸血症，多喝水、多排尿，碱化尿液，化疗的同时给予别嘌醇。

3）营养维持，给予高蛋白、高热量、易消化食物。

考虑发生了中枢神经系统白血病（CNSL）。（1 分）

处理：

（1）全颅脑脊髓照射。

（2）鞘内注射化疗药（MTX、Ara-C、糖皮质激素）。

（3）高剂量全身化疗（HD MTX、Ara-C）。

（答到三大点即可得 1 分，每项答到括号内的具体药物可得 2 分）

答题思路：

1. 本题主要考察急性白血病的鉴别诊断。从所给资料着手：患者为年轻女性，出现头晕、头痛症状，月经量多，牙龈出血，皮肤瘀斑，提示有出血倾向。有淋巴结肿大怀疑淋巴细胞相关疾病，ALL 常可见。但特异性不足。实验室检查血象有红细胞减少，血红蛋白 88g/L 提示有中度贫血；白细胞增多，中性分叶核粒细胞下降，可见于白血病；血小板下降可解释出血倾向。综上，血象提示有白血病的可能，不排除 MDS、急性粒细胞缺乏症恢复期、病毒感染等。

学生答案

年轻患者发热、出血、贫血，淋巴结肿大，白细胞增高，淋巴细胞增多可见于急性淋巴细胞白血病，贫血、中性粒细胞减少、血小板减少也可见于骨髓异常增生综合征，并且有向急性白血病转化的风险，二者通过骨髓检查可资鉴别；淋巴瘤的典型特征是无痛性淋巴结肿大和发热，若为晚期可出现淋巴瘤细胞白血病，血象可成白血病样，因此也不能排除淋巴瘤的可能；多发性骨髓瘤可以表现为贫血，有出血倾向，白细胞减少，但患者发热不排除有感染的可能，因此白细胞升高也有可能；病毒感染时淋巴细胞升高，出血可能是凝血功能继发纤溶亢进所致。

诊断白血病需要尽量获得全面的 MICH 资料，即形态学、免疫学、细胞遗传学、分子生物学。

2. 本题主要考察急性淋巴细胞白血病的诊断和治疗。骨髓象具特异性，示骨髓增生活跃，原始淋巴细胞占比 71%，大于 20%，考虑急性白血病；细胞化学检查 NAP 以及 PAS 阳性考虑急淋白血病或急单白血病，又有非特异性酯酶 NaF 抑制阴性排除急单白血病。最终考虑急淋白血病。该诊断能解释患者出现的症状和体征。故诊断为急性淋巴细胞白血病。在诊断基础上，治疗依据临床最常用的 VP 诱导缓解方案进行。

3. 中枢神经系统是白血病最常见的髓外浸润部位。多数化疗药物难以透过血－脑屏障，不能有效杀灭隐藏在中枢神经系统的白血病细胞，因而引起中枢神经系统白血病（CNSL）。轻者表现为头痛、头晕，重者有呕吐、颈项强直，甚至抽搐、昏迷。CNSL 可发生在疾病各个时期，尤其是治疗后缓解期，以急性淋巴细胞白血病（ALL）最常见，儿童尤甚。

“庇护所”白血病的防治是急性白血病治疗必不可少的环节，对 ALL 尤其重要。CNSL 的预防要贯穿 ALL 治疗的整个过程。CNSL 的防治措施包括鞘内注射化疗药（MTX、Ara-C、糖皮质激素）、高剂量全身化疗（HD MTX、Ara-C）和颅脊髓照射。颅脊髓照射疗效确切，但其不良反应如认知障碍、继发肿瘤、内分泌受损和神经毒性限制了其应用，现多采用早期强化全身治疗和鞘内注射化疗进行防治，而颅脊髓照射一般作为 CNSL 发生时的挽救治疗。

教师点评

学生答案一

本组同学针对循环系统进行了案例设计，病例的选择设计有过于求难、求巧的趋向，负责的临床老师修订改编过案例后用于全班的在线考核反响良好，在期末获选最有价值案例题目。整个小组成员在在线 PBL 小组讨论中活跃度较高，小组参与度良好。整个命题、反馈、考核有良好的学习互动，过程中同学的小组协作、文献管理、临床知识的整合等能力都得到了锻炼。

学生答案二

本组同学针对血液系统进行了案例设计。本组的亮点在于小组任务的分工和撰写相当清晰，同学在案例设计中的分工、收获，案例数据设计的来源都交代得比较清楚，后续的参考文献表述不规范也较有典型性。案例在负责的临床老师修订改编后用于全班同学的在线作业。同样在期末被同学评选为最有价值案例题目。

岳　莉 / 四川大学华西口腔医学院（华西口腔医院）

岳莉，副主任技师，从事口腔医学技术临床及教学工作近 30 年。2006 年，获得“全国技术能手”荣誉称号，2016 年，获得四川大学教学成果一等奖、四川大学“探究式—小班化”教学质量优秀奖。四川省创新创业示范课程“数字化口腔修复案例设计与制作”负责人，主编 2 部、副主编 2 部及参与十多部教材的编写。

非标准化答案考试是促进口腔医学技术人才培养模式改革的突破口

四川大学华西口腔医学院（华西口腔医院） 岳 莉

口腔医学技术是一门综合性强的交叉学科，涉及基础医学、材料学、艺术美术、制造学、管理学、口腔修复工艺学的知识和技能等。社会迫切需要具有实战能力的口腔医学技术复合型人才。

在口腔医学技术传统的教学模式中，考试成绩是评价学生的唯一标准，学生考试成绩的高分率成为考察教学效果的重要指标，而这样的考试常常偏重于考查学生对理论知识的记忆，记忆的知识是否会运用无法考证。于是产生了“高分低能”的精英教学的说法，大量义齿加工厂宁愿选择师傅带出的“徒弟”，也不选择高等院校培养的“精英”。口腔医学技术人才培养模式无法满足社会对口腔医学技术人才的需求，改革需要找到突破口。一个成功的教学，不仅是让学生学到专业的理论知识，更重要的是培养学生独立思考的能力，启发学生自主构架创新性个性化思维方式，学会利用专业知识，在实战中找到解决问题的方法。教学的目的是学以致用，这是我一直以来坚持的教学理念。非标准答案考试改革的目的是促进人才培养模式的改革，在“双创”时代，我们不需要死记硬背的“高分精英”，亟须的是具有极强专业竞争力的创新人才。对口腔医学技术人才的培养亦如此，只有让同学们从传统灌输式教育的单一思路中解放出来，才能不负时代使命，培养出具有创新思维、实战能力的口腔医学技术复合型人才。

本学期，我们选取口腔修复工艺质量管理学、全口义齿工艺学进行非标准化考试改革试验。

质量管理在口腔领域中的作用越来越大，质量管理体系的建立和持续改进，是义齿生产企业面临的永久课题。开设口腔修复工艺质量管理学课程的目的，就是启发同学们对于管理学的思考，应用学到的质量管理学知识，剖析义齿生产各个环节质量控制的方法，成为义齿生产企业急需的不仅具有口腔医学技术专业素养，而且具有质量管理能力的复合型人才。这门课程如采用标准化的考试方法，则不能检测学生真正掌握质量管理知识的程度和运用知识的能力，不利于学生分析问题、解决问题的能力培养。一种考试模式的改变，促进了人才培养模式的变革。

在全口义齿工艺学这门比较复杂的课程中，为了打破以知识传授为主要特征的传统学科课程模式，加深学生对知识的理解，拓展学生的思维，我们同样采取了非标准化答案的考试。考核形式为PPT课堂汇报和非标准格式的实验报告撰写。

PPT 课堂汇报是在学生完成全口义齿工艺学学习，对全口义齿传统工艺有基本认识的基础上布置给学生的开放性题目。全口义齿的工艺流程比较复杂，临床技术也比较繁多，从初印模开始至最后的抛光打磨，每一个步骤都可能对全口义齿最终的稳定和固位产生各种影响。这要求学生不仅对传统工艺流程要熟悉，还要自主学习前沿的各种全口义齿的工艺流程，具有开拓的学科视野和批判性的见解。因此，我们要求学生分组查阅资料，小组讨论拟定方案，以 PPT 课件的形式进行课堂汇报并答辩，以此作为本课程平时成绩的考核形式。

非标准格式的实验报告撰写，贯穿于全口义齿工艺学实验教学的全过程。以往我们所审阅的实验报告，常常是如出一辙的标准答案，在这样的标准答案中，看不出学生自己的认识与见解，这不利于教师根据每一个学生的技术特点因材施教，也不利于提高学生主动学习的能力。我们提出撰写实验报告的改革，在实验报告的形式上，要求学生不仅记录正确实验流程，而且反映实验中所犯的错误及面临的问题，并通过学习，提出自己的思考及解决问题的方案。通过这样的形式，呈现在教师面前的实验报告形式丰富，学生各抒己见，自主学习能力大大加强。同学们感叹："我再也不怕写实验报告了，说真话、暴露实验缺陷、提出实验小创意都能得高分！"在一份份个性化的实验报告中，我们发现了学生不同的特长和潜质，如有的同学具有科研思维，有的同学具有创新精神，有的同学实操能力强等，根据不同特点，配备相应的辅导老师，使学生的特长得以发挥，有针对性培养的学生考取了研究生，有了自己的小发明（专利申报中），在国际、国内操作比赛中获大奖。只有大胆革新，而不是一味重复，才能培养出创新人才。

非标准化答案考试只是一种考试模式的改变，其目的是真正实现对学生实际能力的考察。但是一种考试形式的改革，却推动人才培养模式的变革，成为促进口腔医学技术人才培养模式改革的突破口。在今后的工作中，我们将推广已取得的改革经验，同时尝试新的人才培养模式，为我国口腔医学技术专业人才的培养做出应有的贡献。

全口义齿工艺学

课程号：503130100

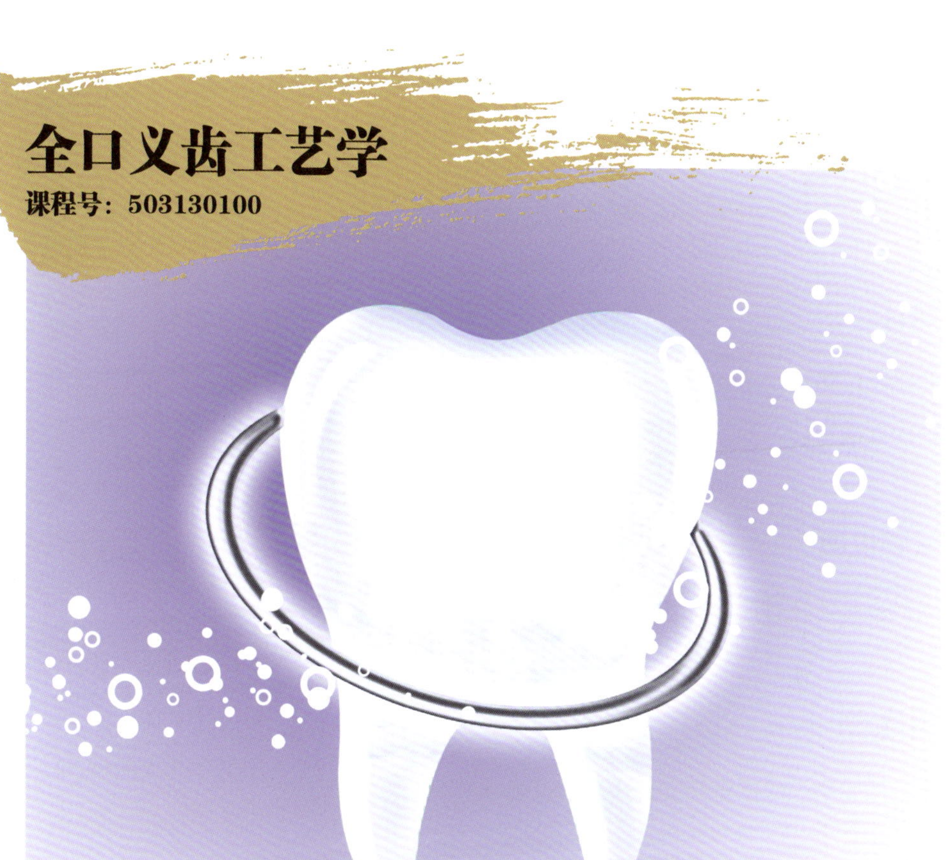

课程简介

“全口义齿工艺学”课程是口腔医学技术专业的主干核心课程。该课程以口腔解剖生理学及口腔材料学为基础，培养目标是学生能深刻理解和运用全口义齿修复工艺学的基本理论，掌握全口义齿修复的基本技能，具备制作全口义齿的能力。

考试题目

题目一：

固位和稳定是全口义齿成功的关键。请同学们结合所学知识，查阅相关文献，给出提高全口义齿固位和稳定的修复制作方案。

试题说明：

全班共分成五个小组，分组讨论，并制作 PPT，进行课堂汇报。

题目二：

请同学们根据全口义齿排牙的实验课撰写实验报告。

试题说明：

要求在实验报告中体现自己在实验操作过程中遇到的问题及困惑，通过查阅文献、师生讨论等方式拓展学习，进行思考及提出改进的方法。

题目一

学生答案一（节选）：

华西口腔医学院　卞　堃　2014141644001 / 林柳飞　2014141644009
梅子彧　2014141644010 / 贾思琪　2014141644005

前伸𬌗因素

切导斜度（IG） 髁导斜度（CI） 平面斜度（PO）
牙尖斜度（CA） 补偿曲线曲度（CC）

CI*IG=PO*CA*CC

CI*IG=AFI

平衡𬌗 = 髁导斜度 x 切导斜度 / 定位平面斜度 x 补偿曲线斜度 x 牙尖斜度

髁导斜度增加：定位平面斜度增加、补偿曲线曲度增加、牙尖斜度增加、切导斜度减小

补偿曲线曲度增加：定位平面斜度减小、牙尖斜度减小、切导斜度增加

定位平面斜度增加：切导斜度增加、牙尖斜度减小

切导斜度增加：牙尖斜度增加

四髁 三补 两定 一切

学生答案

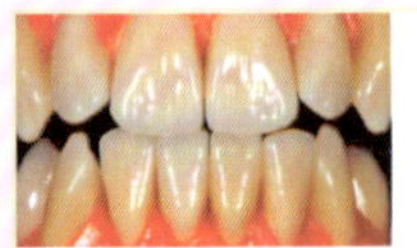

设备与材料

Accu-Dent 系统

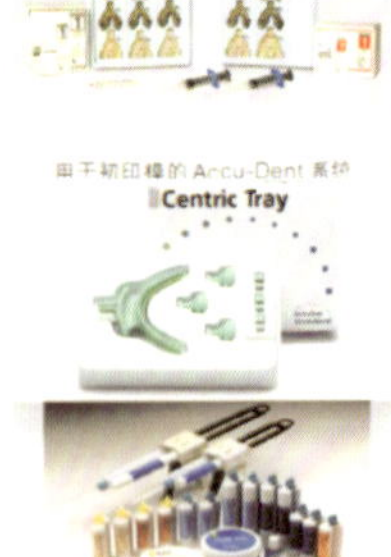

正中托盘

Virtual

Gnathometer M和通用转移弓系统

人工牙(如Or hosit PE， SR P honares)

Stratos 100， 200 ， 300 型HE架

Ivocap聚合系统

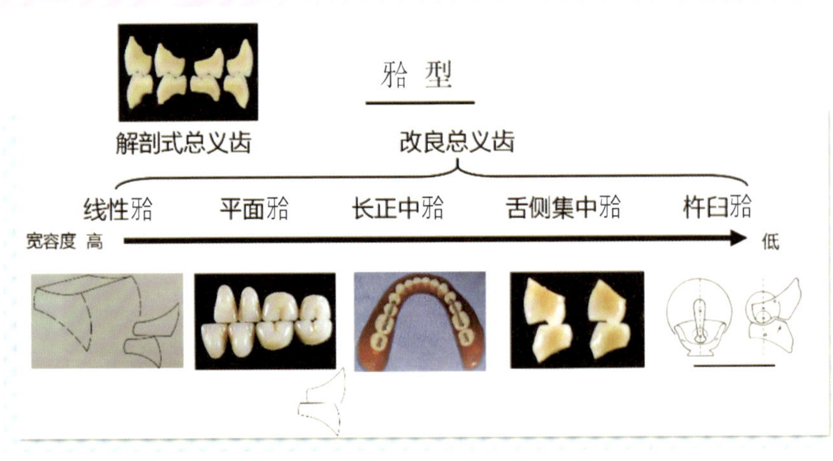

学生答案二（节选）：

华西口腔医学院　董　瑜　2014141644003 / 李永成　2014141644008
杨　瑞　2014141644016 / 王　祥　2014141644014

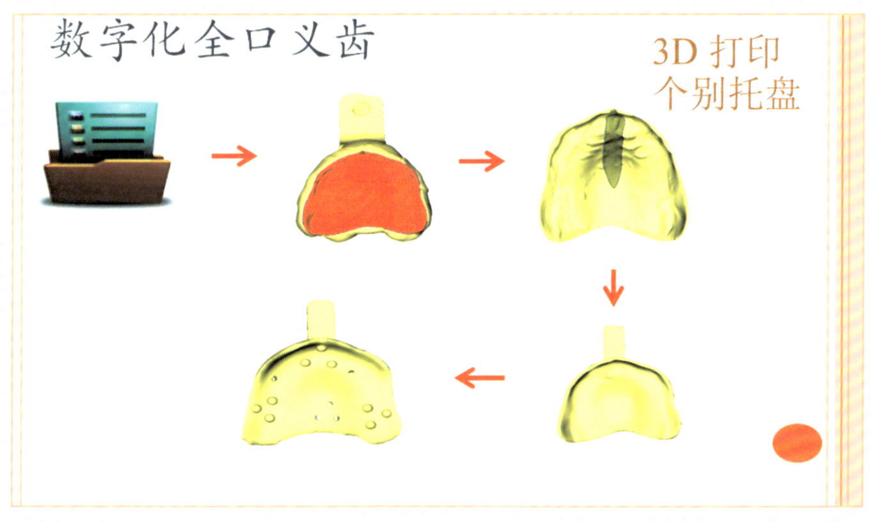

虚拟殆架

虚拟殆架的优点

1 三维空间观察

2 模拟下颌运动

3 精准咬合调整

学生答案

03
数字化全口义齿制作流程
(a) 初始上颌基托外表面
(b) 上颌变形后
(c) 上颌变形后
(d) 初始下颌基托外表面
(e) 下颌变形后
(f) 下颌变形后
(g) 牙列及牙龈视图1
(h) 牙列及牙龈视图2
(i) 牙列及牙龈视图3
(a) 下颌变形后
(b) 下颌变形后

数字化全口义齿
CADCAM 全口义齿基托
A
B

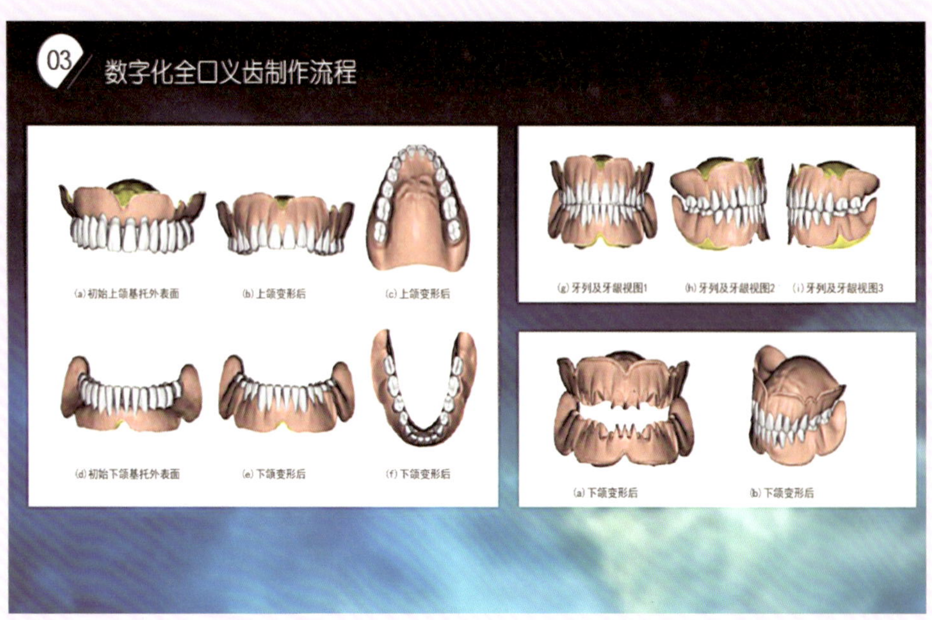

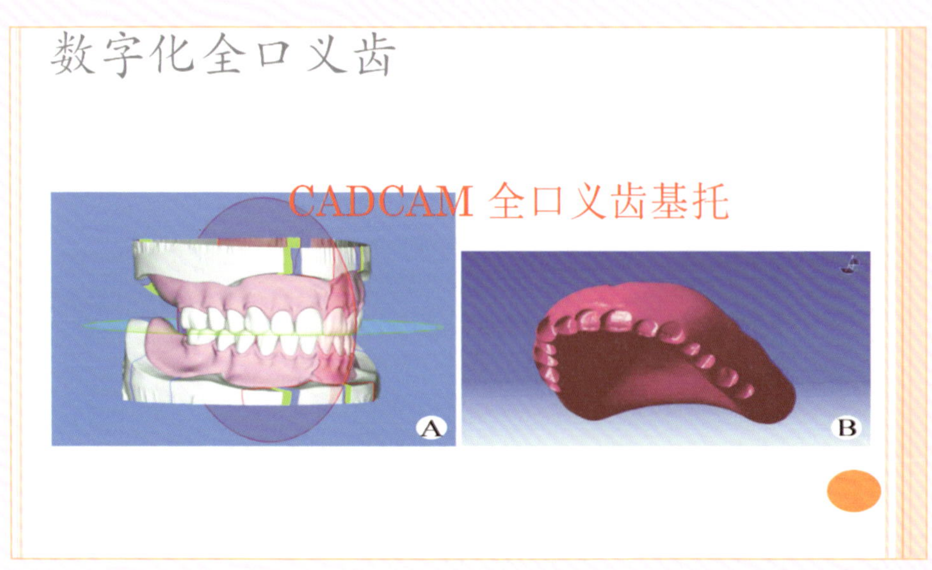

题目二

学生答案一（节选）：

华西口腔医学院　梅子戬　2014141644010

对本实验的分析与思考：

当髁导、切导确定后，根据同心圆学说，牙尖工作斜面斜度也得以确定，因而需要通过调磨牙尖斜度或改变补偿曲线曲度或改变定位平面斜度使人工牙被排在牙尖工作斜面上。

通常技师可控的是牙尖斜度、补偿曲线曲度、切导斜度。当选择调改后牙时，即根据切导、髁导确定的同心圆决定后牙的调改方向。同理选择调改前牙时，根据牙尖工作斜面斜度与髁导确定的同心圆决定前牙调改方向。

烫蜡时，蜡刀温度不宜过高，否则会加大蜡的收缩从而改变人工牙的位置。

目前，全口义齿的数字化制作虽不成熟，但数字化一直是口腔修复发展的大方向。数字化全口义齿的流程：3D 打印个别托盘，获取终印模；扫描得数字化无牙颌印模，生成数字化无牙颌模型。设计𬌗堤，并用 CAD/CAM 方式切削出𬌗堤蜡块，口内试戴调整后，扫描采集𬌗堤数据，生成数字化无牙𬌗堤。

根据𬌗堤提供的颌位关系数据，进行虚拟排牙及基托的构建。

用 CAD/CAM 切削加工出树脂基托及人工牙，用粘接剂将人工牙粘接于基托内，或者切削出蜡基托，装盒去蜡充胶。

鉴于目前的口内扫描技术、面部扫描技术还不能完全模拟口内个体组织的动度及下颌运动的轨迹，因而依旧需人工取模、患者口内试戴等传统步骤。但随着扫描技术的发展，将来可能不再需要人工取模，患者也无需多次就诊试戴，通过数字化试戴即可完成。

学生答案

学生答案二（节选）：

华西口腔医学院　万　婷　2014141644013

对本实验的个人总结：

首先，在排牙时，发现垂直的那个指针与切导盘放置的水平面有距离。可考虑到可能是石膏膨胀造成的，也可能是之前上殆架时没有弄好，为了后续更精准，所以上殆架最好用零膨胀石膏（但可能还有膨胀，相对较小一点），或者可以重新上殆架（针对本实验而言）。但是如果都不改的话，也不能去修蜡堤，否则会使戴入口内后垂直距离过小。如果没有改，就将全口按此高度制作：也就是 1 线变成了 2 线，鼻翼耳屏线升高了，但是人体鼻翼耳屏线是不变的，且水平的，所以为了调节殆平面，使它也与鼻翼耳屏线平行，只能将殆平面前部上抬指定高度，如图黑线，以该平面作为殆平面，而不再是水平线了，这样殆平面就在人体水平了，但是殆间距又变低了，可以量下 β 角［指针与水平面的夹角，得到 α（$\alpha=90°-\beta$）］，再用 h/2 取得差出的殆间距，应该是 $h(1-\cos\alpha)$，得出一个差的高度。现在该殆平面上排出咬合较好的人工牙，在统一上下颌方向殆方伸长 $h/2(1-\cos\alpha)$，这样殆平面和颌间距都能得到较好的保证。

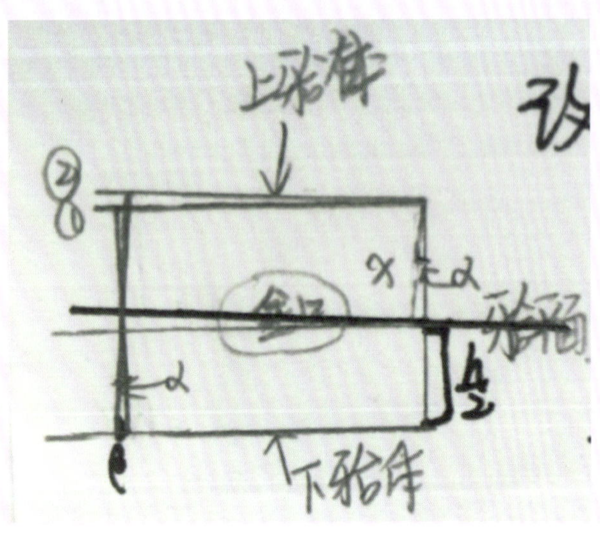

调咬合，实在太难了。A、B、C 三点，一般来说，可以调出 A、C, 没有 B，但是不稳定，且这套人工牙的咬合，有些不能达到三点甚至是两点。所以可以换一副人工牙或者提供一套直接咬合好的人工牙，就像下图。

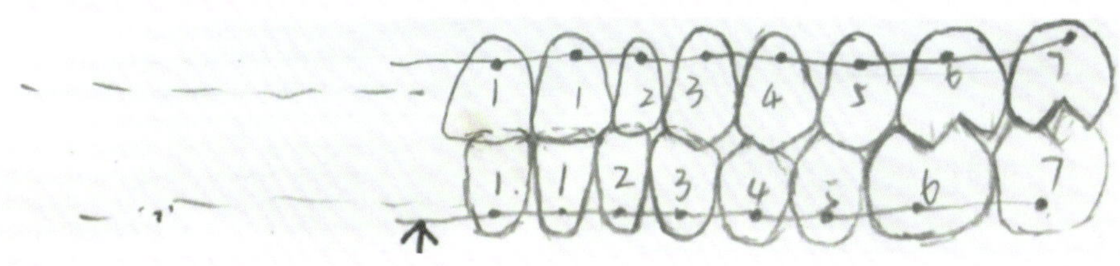

这条线就是固定上、下颌牙的连接，就像可以甩来甩去的玩具蛇一样，可以调节它的弓度，但是它的近远中向和殆平面是确定了的，颊舌向也确定，而且上下颌的咬合是已经固定好的（可以是两者上下颌用粘接剂粘好，也可以内部放置磁铁，可以一开始就用小的面接触，这样咬合更稳定），所以在排人工牙的时候只需要调节牙弓形态就可以了，平衡殆可以另外再考虑，这样调咬合及排列人工牙的近远中等的倾斜问题也可以解决，时间可以减少很多。而且它连接的线可以取下来也可以不用取，不取人工牙每颗是不是会更稳定一些，不会在使用时个别牙脱落或怎么的，我觉得这个方法可以尝试一下。

其次，用电脑数字化排牙其实也挺好的，如果直接切削或打印出来一个全口义齿也好，如果还是较困难，用那个树脂打印牙，类似我第二点提出的连成一个整体的牙列（且它的弓形已经很适应牙弓了），会比第 2 点更简单一点。所以我希望能将咬合直接体现在人工牙上，更好地缩减技师调咬合的时间，提高效率。

学生答案

学生答案三（节选）：

华西口腔医学院　卞堃　2014141644001

实验感悟及思考：

排牙：全口义齿的排牙方法有很多，例如先排上牙，再排下牙，后牙的排列顺序也有各种方法，如 Suenson 排牙、now 排牙法、协调对称排牙法等。技师根据情况自行选择适宜的排牙方法。

前牙的排列：①全口义齿中前牙的排列应遵循美观原则，恢复患者面下 1/3 的形态，使面部协调和谐。前牙排列中需要注意：A、牙弓形态要与颌弓形态一致；B、前牙要恢复唇侧丰满度，为了较好地恢复唇侧丰满度，以切牙乳突为参考标志，上前牙唇面至切牙乳突中点一般 8~10mm，老年人上尖牙顶连线与切牙乳突后缘平齐，上尖牙唇面通常与腭皱侧面相距约 10.5mm。②对于上颌前突、下颌后缩的患者，要适当加大覆盖，给患者留出足够的说话及咀嚼时下颌前、后向运动的空间；在不妨碍下颌唇肌活动的情况下，可略加大下前牙向唇侧的倾斜度。③对下颌前突、上颌后缩的患者，从美观角度考虑，要尽可能排成正常𬌗或对刃𬌗。④确定好𬌗平面后，始终注意各前牙与𬌗平面的关系。

实验中出现的问题：①𬌗堤制作不好，上、下𬌗堤之间有缝隙，所以在排列上前牙时不能以𬌗堤平面作为𬌗平面，需另确定𬌗平面，增加排牙的难度，要切记𬌗堤对𬌗平面的重要性。②同样𬌗堤制作时，唇面突度过大，导致排列的上前牙前突，不利于美观。③由于𬌗堤制作不好，上、下颌𬌗堤唇面突度不协调，排牙时上、下牙前牙牙弓形态不协调，覆盖不均匀。④排下前牙时，由于不熟悉覆𬌗、覆盖要求，导致不是太大就是太小，多次修改，浪费时间。⑤实验中所用人工牙形态极其不对称，使排列时难度增大，且唇面观时左上颌侧切牙及尖牙间形成开𬌗。⑥前牙老是显得很突，改了也不知道多少遍了！难！

合理地排牙：①自然牙列的位置处于唇颊肌向内的力与舌肌向外的力大体相当的部位，若全口义齿人工牙列也排在原自然牙列的位置，人工牙就不会受到唇颊舌肌的侧向推力，有利于义齿的稳定。自然牙列完整的人，舌侧受到牙列的限制，不会向外扩展，牙列缺失后，有的患者舌体变大，义齿也应相应地修整，否则舌体的运动将推动义齿向唇颊侧移动、脱位。②牙槽嵴顶连线理论：将后牙排列在牙槽嵴顶连线上或舌侧，以保持义齿的力学平衡。③全口义齿的人工牙排列应形成合适的补偿曲线、横殆曲线。④殆平面应平行于牙槽嵴，若牙槽嵴大范围呈曲面吸收，则应形成曲面行殆平面。

后牙的排列应注意：①牙槽嵴顶线原则；②各尖与殆平面的关系、牙体长轴的倾斜方向（见前步骤）；③上颌后牙殆面的形态、殆面窝沟形态；③排列下颌时先排 6|6；确定殆之关键即第一磨牙关系，使 6|6 的近中颊尖对位于 6|6 的近中颊沟，再排列其他下牙。

排列后牙遇到的问题：①补偿曲线的大、小不能合理掌握。②排列下殆牙时过度重视广泛均匀的咬合接触关系；对于合理的上、下牙的位置不明确，比如，上颌排列完成且殆平面定位好，排列下颌后用咬合纸可以发现广泛且较为均匀的接触点，单检查牙长轴时发现下颌后牙过于舌倾，下颌前牙与后牙高度不协调，下颌后牙高低不协调，牙弓形态不协调等各种问题。③上颌牙排列时满足牙槽嵴顶线原理，但根据咬合排列下颌后牙时，下颌后牙偏颊侧，由于下颌义齿固位较上颌差，此时应首先满足下颌牙槽嵴顶原则，进行相关调改。④调前伸及侧方平衡殆时，调改时破坏了长轴原有的倾斜方向与角度，改变了正中咬合时的牙弓形态，使整个牙列显得十分不协调。

$$\text{前伸平衡殆} = \frac{\text{髁导斜度} \times \text{切导斜度}}{\text{牙尖平衡斜面斜度}}$$

根据此关系进行前伸平衡殆的调整。

$$\text{侧方平衡殆} = \frac{\text{平衡侧髁导斜度} \times \text{侧切导斜度}}{\text{牙尖工作斜面斜度}}$$

其中分子不可变，仅可改变分母，仅可改变横殆曲线曲度，具体的调改可以与前伸对比理解记忆。

学生答案

调𬌗中的问题：①过度调整前伸及侧方平衡𬌗，而破坏了正中平衡𬌗，破坏已排好的牙弓形态及牙体长轴的倾斜，使上、下牙列牙弓形态等不协调。②调𬌗时，有些不能理解的地方：假设侧方时工作侧接触，平衡侧不接触，只需要调整平衡侧吗？工作侧需要调整吗？若是增加了纵𬌗曲线曲度，会导致正中平衡𬌗受到影响，还要调整上颌，这样会不会使整个牙列受影响？虽然实调中涉及因素少，但涉及相关牙的调整，这导致调𬌗时的思路不清晰，想法不明确。③感觉不管怎么调都只能达到三点平衡，总之就是——好难啊！

实验总结：

排牙与调𬌗时需要考虑的因素与要点太多：牙长轴倾斜方向、倾斜角度、𬌗平面、唇侧突度、后牙中央沟连线、牙槽嵴顶线原则等。

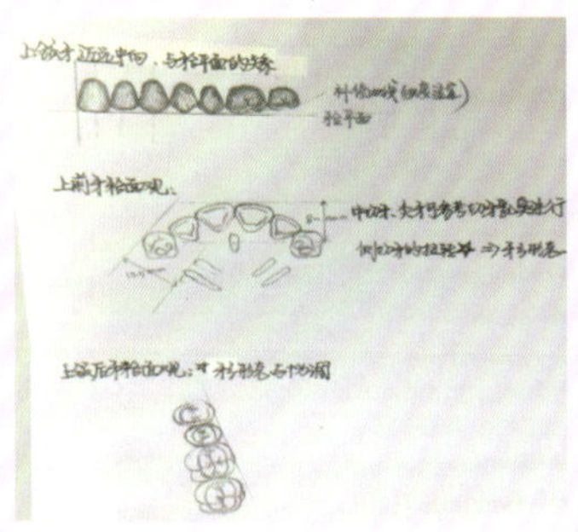

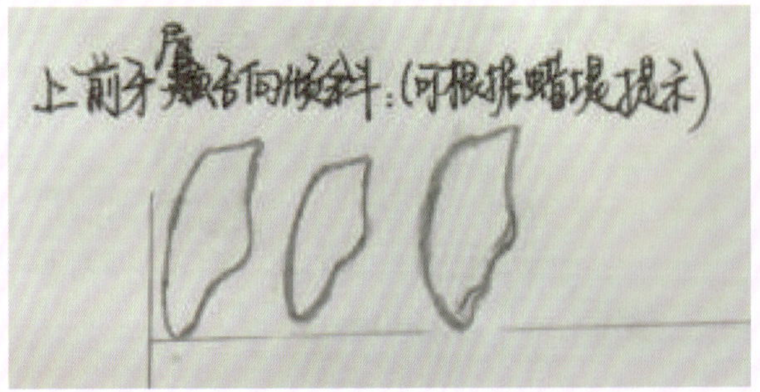

实验中常常忽视某些要点，自己脑中又没有一个标准，所以觉得不管怎么排，怎么调，结果也不是很好，整个过程思路较混乱。还有，牙面上一点都不干净，全是蜡。

蜡型完成：首先应明确的是基托边缘伸展范围、厚薄、形状，对全口义齿的固位非常重要，而基托磨光面的形态对于全口义齿的稳定十分重要，所以蜡型的完成是相当重要的。关于基托边缘伸展范围，在工作模型划线分析时已明确，因此不再详述；厚薄：基托 1.5~2mm，边缘 2.5mm，边缘呈圆直角；基托磨光面呈凹形，使唇、颊、舌肌作用在基托上时对义齿形成夹持力，使义齿更加稳定。

蜡型修整中，应注意：①形成凹面时不能把蜡去除太多，要靠边缘的蜡来衬托出凹面；②颈缘修整时注意上前牙的颈缘高低位置关系，且颈缘线最低点多偏远中；③牙根雕刻不要太明显，且全口义齿根形凹陷处在患者口内可能有实物残渣滞留，故后牙区不需要做明显的根形；④牙根应偏远中，长短适中，一般先确定边缘伸展、厚度再形成凹面，然而再修整颈缘和牙根；⑤龈沟要做成凹陷，利用食物排溢，但不能太深；⑥功能性边缘要充分覆盖，义齿基托的伸展应达到最大。

制作过程中的相关问题：①𬌗堤制作之前用蜡片压成形的基托在经历了漫长的排牙发生了形变，使蜡基托与模型贴合得不好；②模型修整时边缘修得不够，导致边缘形成时困难；③蜡𬌗堤没有做好，吹光时有大量气泡出现。

自我评价：

（1）𬌗堤做得不好，上、下不协调，给排牙造成很大的困难和问题；𬌗堤偏窄，可能会影响患者运动与功能；前牙突度过大，不美观；具体到每个牙的倾斜、高低、旋转，问题很多。

（2）关于数字化全口义齿。数字化全口义齿必然是全口义齿未来的发展方向之一，但目前仅实现了部分数字化：扫描功能性印模和模型；3D 激光打印数字化个别托盘；扫描模型和蜡堤，形成虚拟模型和虚拟上、下颌关系；设置虚拟𬌗架；虚拟排牙；CAD/CAM 切削树脂和蜡块制作全口义齿基托等。如何直接在无牙颌患者口内扫描以获得模型是目前的瓶颈，因为无牙𬌗患者的固位影响，需要获取功能性印模，但目前全口所有口内扫描仪都采用非接触式光学印模技术，无法和传统印模一样对软组织施以一定的物理压力，更不要说获取功能性印模，所以如何利用口扫获得无牙颌患者的功能性印模是数字化全口义齿需要解决的最大的问题（纯属个人想法）。

教师点评

题目一学生答案

两个小组同学呈现的内容都很精彩。第一个小组从影响固位和稳定的因素出发，针对不同因素拟出相关方案；第二个小组同学主要探讨了数字化技术在全口义齿工艺流程中的应用，从数字化的精准特性这一角度，提出了提高全口义齿的固位和稳定的方案，内容涉及CAD个别托盘设计、虚拟殆架、基托设计及CAM加工等新型技术，视野广泛。通过这样一种非标准答案考试的形式，整个方案不仅是对整个工艺流程相关知识的全面复习，也是在文献查阅、个人思考和团队讨论的基础上最终形成的。相比传统的命题形式，非标准化考试能够充分调动学生的积极性，促进学生深入思考，培养团队协作能力，同时在对比、分析、讨论中锻炼批判性思维。

题目二学生答案

全口义齿排牙是整个活动修复实验教学中的重点和难点，义齿的𬌗型多，排牙的规则多。通过实验报告的考核，不仅要求学生掌握操作过程，更重要的是激发同学们对现有工艺创新改进的思考。梅子彧同学画的图很生动形象，对数字化全口的拓展学习也很到位；万婷同学根据实验中遇到的问题，创新性地设计了一款“零调𬌗”人工牙；卞堃同学认真总结了实验感悟，并对未来数字化全口的发展提出了自己的疑问。这三位同学对全口义齿排牙都有着深入的思考。

口腔修复工艺质量管理学

课程号：503132010

课程简介

定制式义齿作为Ⅱ类医疗器械，其生产企业必须根据《医疗器械监督管理条例》《医疗器械生产企业监督管理办法》等建立企业化的质量管理体系，依法对义齿产品注册、生产和销售。对于义齿生产企业而言，其建立质量管理体系的目的，就是逐步完善义齿生产过程和提高产品质量，以提升企业的竞争力。所以质量管理体系的建立和持续改进，是义齿生产企业面临的永久课题。华西口腔医学院作为全国首招口腔医学技术本科人才的学院，不仅要培养具有医学基本理论和知识、掌握各类口腔修复体制作流程的专业技术人才，更要培养能在医疗卫生机构、义齿生产企业及大专院校从事教育、商业运营的复合型管理人才。这道题即是启发同学们对于管理学的思考。

考试题目

题目：

质量管理在口腔领域中的作用越来越大，质量管理体系的建立和实施，已成为提高口腔修复工艺水平和义齿产品质量的必要手段。质量管理体系千差万别，请同学们综合对比两个校外实习基地的学习经历，谈一谈你对其质量管理体系运作的看法。

学生答案一（节选）：

华西口腔医学院　刘春煦　2013141644015

关于加工厂实习的质量管理报告

大学第四年是实习的一年，这一年，我们被分配到两个大型的义齿加工厂实习，实习的部门主要是生产部门，轮转每一个生产车间，囊括了绝大部分义齿加工的步骤，从固定到活动。我们学习到了义齿加工的全套流程和整个工序并且锻炼了手部技能。

这两个义齿加工厂分别是 A 厂、B 厂。两个加工厂都是成都较大的义齿加工厂，都拥有几百名员工，拥有现代化义齿加工设备，拥有自己独特的一套质量管理流程和办法。虽然都是成都的现代化义齿加工厂，但是两个加工厂却给人以完全不同的感觉和不一样的口碑。我经常思考两个工厂到底有什么不一样，使得给人的感觉有天壤之别。

随着全球竞争的不断加剧，质量管理也越来越成为所有组织管理工作的重点。ISO9000 标准通过广泛的客户调查制定了质量管理八项原则：1. 以顾客为关注焦点；2. 领导作用；3. 全员参与；4. 过程办法；5 管理的系统方法；6. 持续改进；7. 基于事实的决策方法；8. 与供方互利的关系。

学生答案

这两个加工厂都基本遵循了以上原则，但是存在不同的侧重点，也存在共有的特点或问题。接下来，我将就以上原则为线索，谈一谈在这一年中我的所见所思。

两个加工厂都是以口腔医生为客户，在义齿加工原则下努力满足医生的条件和提议，并不断吸取医生的反馈意见；都成立了质量管理部门进行领导性的管理；都实施了奖惩制度，使每一个环节的工人都参与，有固定的奖惩办法。两个加工厂无疑都是大规模的义齿加工厂，不但声名远扬而且生产额非常大。但是我认为依然存在一些问题，有共同存在的问题，也有个体存在的问题。

问题 1：两个加工厂都存在与顾客交流沟通的问题。

虽然以顾客为关注的焦点，但是生产加工的毕竟是二级医疗器械，关系人的生命和健康，所以如何权衡满足顾客与把握原则是个微妙而困难的课题。医生层次参差不齐，而且越来越多的把义齿设计等本是医生的工作交给加工厂完成。在这种大环境下，如何既满足医生的要求，又把控义齿加工原则就尤为重要。

问题 2：两个加工厂都存在销售部门的管理问题。

这个虽然不直接影响生产质量，但是也存在间接关系。两个工厂的销售方式过于古老，销售人员过多，销售范围太窄，基本只限国内，很少涉及国外市场。销售人员素质学历低，作用更类似于送件这样的快递员。

问题 3：两个加工厂都存在人员管理和招聘的问题。

这个问题也许不只存在于这两个义齿加工厂，应该是全国范围内共有的问题。1. 人员素质学历低，或者说基本上没有几个高学历人员。2. 人员年龄存在断层，以 30 岁或 40 岁以上的以及十几岁大专或中专毕业的为主。这个问题应该属于社会问题，其本质是口腔医学技术这个学科的问题，以及当前快速发展的中国社会在“互联网＋”这种大环境下加上独生子女的工作选择问题。首先，口腔医学技术这个学科目前还停留在远古，社会地位低，整体学院档次低，就算有一些高学历的人员，社会也难以认识到其价值。其次，中国目前这种互联网环境和快

速的经济发展，使社会意识和文化沉淀不足，人们更加看重金钱，很多人不愿意留在工厂，选择脱离出来通过互联网谋利，加上这一代人有很多是独生子女，在家庭和父母的帮助下，也纷纷脱离了加工厂。

问题 4：B 厂的管理相比于 A 厂过于松散。

这里的管理指的不仅是质量方面，而是整体的管理方式。A 厂从衣着、每一个环节的生产、质量管理，一直到他们独特的企业文化，非常严格当然也非常有条理，办事效率更高，可以说 A 厂是半军事化管理，和国外的很多现代化工厂类似。而 B 厂的管理并没有这样的广度，只停留在各个部门，也没有这样的深度，从整体上来看，就如同一个大作坊，很杂乱。当然这个和领导层的结构有关，B 厂是有多位股东的合资工厂。

问题 5：质量管理全员参与方面，A 厂做得比 B 厂好。

A 厂每一个环节都可见质量原则以及操作步骤、操作规范的文字和图片提醒。而 B 厂采用更多的是师傅带徒弟，环节主管的经验就充当质量原则，存在问题、难题时都是询问环节主管。

问题 6：B 厂更加人性化和个性化。

双面性无处不在，即使 A 厂有严明教条的管理办法，使得其质量虽然管理得好，但是毕竟义齿加工不同于其他工厂，每一部 iphone 都一样，但每一份义齿都是不同的，也许 A 厂就是管理得太细太深，使得员工的能动性被埋没。反观 B 厂能够做出更加个性化的义齿，也是得益于质量管理的手没有伸得过长。

问题 7：两个加工厂都缺乏自主创新；

创新在当下尤为重要，是整个企业公司的活力所在，是企业能够长久发展的关键。很多公司把创新作为自己的企业文化，比如华为。两个加工厂都没有创新意识，没有致力于创新的部门，没有勇于创新的人才。

学生答案

解决的办法：

对于问题 1：这个问题始终是口腔领域的焦点，在加工厂看来是如何满足客户，在医生看来是如何让加工厂理解到他们想达到的效果。这也就是医技沟通的问题，对这个问题，两个工厂都设置有客服，但是客服的学历和素质都不高，使得医生占有主导地位，这样不平等的地位容易导致医生的要求加工厂难以拒绝。所以需要：1. 提高客服的学历和素质；2. 销售共同参与医技沟通。

对于问题 2：正如上文所说，销售是医技沟通的重要环节，是工厂盈利和自我提升的关键。销售不仅是卖东西，最重要的是反馈客户的意见，这样工厂才能有目的性地生产。所以销售的素质和学历必须提升，可以学习卡瓦、3M 等国际口腔器械公司的销售管理方法，一个地区只设置一个销售，销售不是快递员。

对于问题 3：这个问题是一个很大的问题，也是一个长期性的问题，需要从国家到每一个人民的共同努力。华西口腔医学院也看到了这个问题，很早就开始努力改变口腔医学技术的现状，但是阻力总是有的。对于义齿加工厂，我认为可以着力于如何留住新人或实习生，就我们班级的情况而言，没有一个同学愿意留在这两个加工厂，这就是存在问题的表现。缺乏“新鲜血液”的工厂是存活不久的。所以需要分析当代大学生的心理和需求，努力吸引人才，这是对于工厂而言的解决办法。

对于问题 4 与问题 5：B 厂的确应该加强管理，更广泛、更深入，需要和国际接轨，真正成为一个现代化的义齿加工厂。1. 让每一个员工熟知具体的质量管理方法和条例。2. 加强其他方面的管理，做到井井有条，提高做事效率。

对于问题 6 与问题 7：均衡加强管理与发挥个人能动性也是一个困难的课题。A 厂确实缺少了个人的创新和创造，过于墨守成规，应该说员工不敢创造，不敢犯错误。目前还不能断定 A 厂管理过严，但是可以断定 B 厂缺乏管理，在管理模式方面，A 厂是走在 B 厂前面的。我认为 A 厂可以设置专门的部门负责创新和个性化的制作，根据客户需求和侧重点，在不同的部门制作义齿。

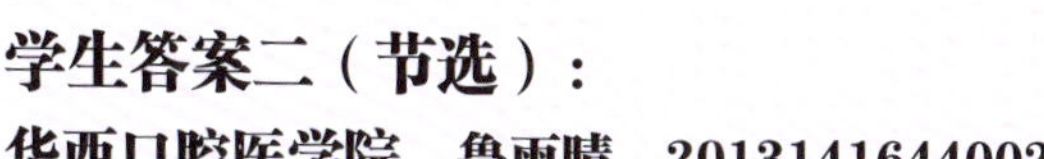

学生答案二（节选）：

华西口腔医学院　鲁雨晴　2013141644002

义齿加工质量管理举措之建议

随着人民收入水平的提升以及患者对修复体质量重视程度的提高，口腔义齿加工企业正繁荣发展，同时也推动了口腔修复工艺技术迅速进步。但时至今日，我国修复工艺的行业水平相比国外仍然较低，义齿质量仍然有待提高。其中的原因又很复杂。一方面很多义齿加工行业从业人员普遍学历较低，接受过系统培训的人员相对较少，人员素质参差不齐；另一方面则是质量管理体系不健全。定制式义齿目前尚无现行有效的国标或行标，因此企业主要依据国家食品药品监督管理总局发布的《关于印发定制式义齿注册暂行规定的通知》和《定制式义齿产品注册技术审查指导原则》的要求来制定注册产品标准。在市场竞争的过程中，保证企业发展，提高管理效益，降低管理成本，实现管理信息化，使产品质量得到保证，必然是义齿加工企业正常运作的必要条件。为确保公司质量管理体系所需过程得到建立、实施、维护和持续改进，义齿生产质量控制系统是非常必要的。但经过在 B 厂和 A 厂义齿公司的实习，我认为本质的质量管理思想其实都是类似的，对于企业来说，执行质量管理体系的具体措施对实际生产更为重要。本文主要针对义齿加工过程，对质量管理具体措施提出几点建议：

一、义齿企业应当设置专门的质量管理研究部门

正规的义齿加工企业一般都会设立质量管理部门或者质量管理小组，这些质量管理机构对生产过程内返和外返情况进行研究，并进行数据分析，的确可以发现很多实际生产过程中存在的影响质量的问题。但由于义齿加工人才稀缺，义齿加工厂必须将这部分专业劳动力放置在生产部门，以致这些质量管理部门缺乏专业人才，他们提出的生产问题相对笼统，不够细化，至于改进措施只能和具体的生产部门协商，得出的结论往往非常经验化，因此缺乏一个独立的机构对生产过程存在的问题进行科学的研究。

学生答案

二、开发生产管理手机 APP

目前的生产管理系统都安装在每个生产部门单独配置的电脑上，如果将这种管理系统转变为 APP 的形式，并且赋予不同员工不同的权限，那么将可以大大提升生产过程质量管理的效率。对于每个生产件可以将编号转化为二维码的格式，方便扫码查找和质量跟进；生产过程存在的质量问题可以通过 APP 进行沟通和公示等；在每个生产流程板块，可以嵌入相关质量管理内容以加强人员培训力度等。

三、规范数字化流水线，制定数字化生产标准

在当今时代，义齿加工厂必然面对数字化的改革浪潮，加工厂纷纷购入数字化设备并且迅速投入生产，但是由于相关技术人员相对比较稀缺，生产线的建立还不够成熟。在这种情况下，对数字化流水线生产质量的控制制定相应的标准非常重要。在加工厂内，我发现不管是扫描还是设计，人员工作的随意性很大，往往是能够由后续手工阶段解决的问题总是留到最后，不能解决问题才会调动整个部门所有环节去寻找问题的原因，这样时间的耗费较大，而且如果平时能规范操作细节，合理把控生产细节，则能够避免很多问题的发生，在问题出现时也能高效地解决问题。

义齿加工生产公司的形式有很多种，但大致可以分为两类：一是量产的大型加工厂，二是走精品路线的工作室。大型加工厂的生产模式决定了工作人员的水平和素质一般来说相对较低，并不能过分强求他们每个人都能做得很好，但是可以通过质量管理体系尽量循序渐进地提升。

最后我想说，义齿加工的发展，一定伴随着成本的提高。但是只要人们的需求在增高，对义齿生产质量的投入，我相信最终也会带动着相应的义齿加工业利润、人员收入获得合理的上升。一旦这个行业获得了更多人才的青睐，行业水准也会不断上升，这对于义齿加工一定是一个良性循环。

学生答案三（节选）：

华西口腔医学院　陈　昕　2013141644005

浅谈义齿加工厂质量管理

所谓质量管理，是指确定质量方针、目标和职责，并通过质量体系中的质量策划、控制、保证和改进来使其实现的全部活动。义齿加工厂的质量管理难，难在权衡。

一、标准化 VS 个性化

作为二类医疗器械，代替人类器官，长期与人体直接接触甚至植入人体的口腔修复体，必须通过一定的标准流程保证其安全性与功能性。但是，同样作为定制式义齿，由于其根据每一位患者个性化定制，涉及流程较多，很难精确量化控制。故目前义齿加工厂的质量管理主要是通过质检部门的质检人员目测检查实现，标准模糊，主观性强。

二、客户群 VS 合作者

口腔医院（医生）对义齿加工厂（技师）来说，既是客户，又是伙伴。从客户的角度，作为口腔临床的下游环节，义齿加工厂承接着来自临床的“生意”，这样的关系使义齿加工厂会尽力维系客户群，即使是不尽人意的临床技术也会被入检部接受，进而导致不良修复体的出现，而且一般加工厂都会保证“无条件返工”。而从伙伴的角度，医生和技师共同配合为患者提供更好的医疗服务，理应通畅交流，共同进步。但这样很容易使效益受影响，而在市场经济主导下，没有效益就没有进步。故目前义齿加工厂的生产线常有分级：精品线、普通线，对应有不同的质量管理标准。

三、高精尖 VS 低门槛

口腔修复有着悠久的历史，从全程手工制作到全程CAD/CAM均有完整体系，

学生答案

这也就意味着义齿加工厂的规模跨度相当大。成都地区大型义齿加工厂有 A 厂和 B 厂，数字化水平领先西部甚至领先国内。其余还有认证挂网的四十余家，质量规模良莠不齐。准入门槛低，上限房梁高，就很难把握合适的监管力度。故目前药监局对义齿加工厂的检查停留在“建议”的阶段，并没有强有力的监管文件，而且市场价格的控制也存在很大难度。

四、流水线 VS 一条龙

目前流水线的生产方式在义齿加工厂相当普遍，每一位技师只负责特有环节。它极大缩短了人员培训周期，限制了人员流动，提高了生产效益。但由于定制式义齿的制作过程复杂，上下游环节之间相互影响，故只熟悉某一环节而对整个流程没有认识和把控的话，很容易会给下游环节的技师带来负担。所以目前一些制作高端修复的工作室采用一条龙的生产方式，一份修复体完全由一位技师负责，这样对最终修复体的质量有较好的保证，但是却降低了生产效率，且对技师的水平要求较高，在人员流动度较大的义齿加工行业，很难大范围实现。故目前义齿加工厂会组织定期培训，设置环节负责人进行本环节的自检，设置奖惩措施等。

综上，义齿加工厂的质量管理涉及患者安全，须严格管理，但要严得“可接受”。这是难点。

教师点评

刘春煦同学以 ISO9000 指导原则为线索，层层剖析质量管理存在的问题；鲁雨晴同学针对义齿的加工过程，对管理举措的实施提出自己的建议；陈昕同学从质量管理的矛盾中寻找平衡。这三位同学都根据自己实习期的观察学习，提出了独到的见解，体现了义齿加工行业新生代力量的可喜领导力，非常难得。

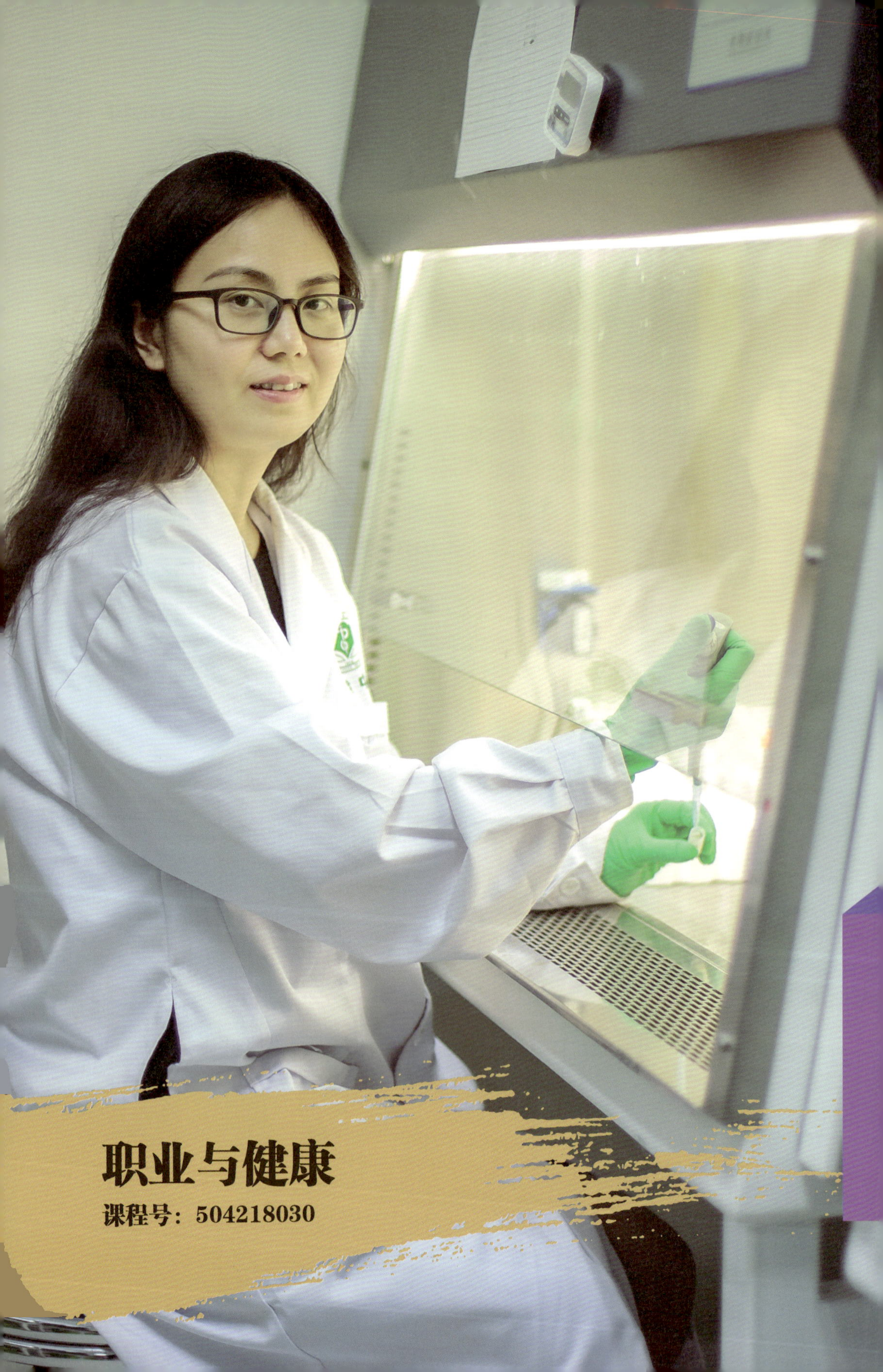

职业与健康

课程号：504218030

课程简介

“职业与健康”是预防医学本科专业必修课，其中慢性职业性铅中毒是慢性职业中毒中患病率最高的职业病之一。随着新的研究技术的发展，铅中毒的相关发病机理、临床表现、实验室检测标准甚至诊断标准都在不断更新当中，而教科书相关章节内容更新较慢，因而通过案例分析，让学生掌握职业性铅中毒的基本概念，同时，通过文献检索等其他资料来源补充或更新教科书的知识。学生通过采用 A4 纸自制海报，然后将答案以文字、表格、图案等方式展示出来（提供彩笔及马克笔），使得答案可读性更强，讨论课的氛围更活泼有趣；同时通过张贴海报，使得不同组之间可以更直观地相互交流。

张　勤／四川大学华西公共卫生学院（华西第四医院）

张勤，2009 年毕业于中国科学院生态环境研究中心环境化学与生态毒理学国家重点实验室 ，获环境科学博士学位；2015 年美国哥伦比亚大学医学院访学一年。四川省卫计委第十二批学术技术带头人后备人选。获得四川大学青年骨干教师称号 2 次。主持完成国家自然科学（青年）基金项目 1 项。共发表学术论文 35 篇，其中 SCI 收录 10 篇。参编学术专著中英文各 1 部；获国家专利 1 项。主讲课程“职业与健康”“雾霾污染与人体健康”“Biosafety Training and Environmental Health Safety”等。

非标准答案在案例式教学实施中对教学效果的影响

四川大学华西公共卫生学院（华西第四医院） 张 勤

职业与健康这门课程属于预防医学与临床医学的交叉学科，作为预防医学的一个重要分支，旨在研究工作条件对健康的影响和职业性病损的检查、诊断、治疗和康复。其中，职业病的诊断是最重要的教学内容之一，职业病诊断需要收集职业史（职业有害因素接触史、既往工作经历、人口学信息等）、职业卫生现场调查（工艺过程、劳动过程、有害因素暴露监测指标等）、临床症状与体征、实验室检查（生物标志物检测）等资料，经综合分析并排除其他原因所致疾病，方可诊断[1]。因而，需要学生兼具临床医学知识和职业卫生与职业医

学的理论，这是本门课程教学的重点及难点。通过引入案例式教学法（case-based teaching）[2,3]，设置具体的职业病教学案例，组织学生对案例进行调查、分析和讨论及交流，有助于加深学生对职业病诊断基本原则和概念的认识，同时有助于学生了解在实际工作中开展职业病诊断的流程。虽然案例式教学法已经被广泛应用于预防医学理论及实验教学中，但在实际教学过程中仍存在一些问题：案例的选择是否切合实际，同时易于教学；讨论问题的设置是否能充分激发学生思考；讨论的方式是否能够吸引所有的学生参与；答案的设置是否具有开放性。为了寻找上述问题的解决方法，我们在课程中的“职业中毒”章节设计了两种类型的职业中毒案例，比较了案例教学两种实施方式对教学效果的影响，尤其是非标准答案的引入所产生的效果。

选择的两个案例的问题来源、问题设计、小组讨论及答案交流、答案设计均有所区别（详见表 1）。课程结束后，通过匿名问卷的形式对 128 名参与该课程的预防医学专业本科生就不同案例教学实施方式进行了调查。结果发现：通过引入非标准答案及海报交流方式，32.0% 的同学更喜欢案例二的教学方式；54.7% 的同学喜欢“以图或表为主的海报形式”，27.3% 的同学喜欢 ppt 形式；17.2% 的同学仍然喜欢传统的以文字描述为主的报告形式；与传统教学方式相比，81.3% 的同学认为案例式教学可调动学生自学能力；80.5% 的同学认为可以充分调动学生的积极性；59.4% 的同学认为课堂气氛更加活跃有趣。对于案例二，77.3% 的同学答案来自于网上查找资料，62.5% 的同学认为海报绘制的方式相较于传统讲授对知识点的印象更深刻。该类教学形式的不足主要为“不是每个同学都能参加进来”“占用了较多课堂时间”。

综上，在案例式教学中，引入非标准答案，多样的讨论和交流方式将有助于活跃课堂氛围，提高学生学习的积极性和主动性。但在案例设置时，需要考虑前期知识铺垫、课堂占用时间、同学的全员参与度等问题。

表 1　两种案例教学实施方式

	案例一 “急性硫化氢中毒”	案例二 “职业性慢性轻度铅中毒”
案例来源	改编自本校附属职业病医院的真实病例	案例来自案例版教材
问题设置	（1）硫化氢中毒诊断原则； （2）硫化氢中毒治疗原则； （3）厂方的行为； （4）硫化氢中毒的防治原则。	（1）该案例为什么可诊断为职业性慢性轻度铅中毒？ （2）两位患者临床表现的病理基础是什么？涉及哪些靶器官？ （3）什么是生物标志物，如何分类？铅中毒实验室检测有哪些生物标志物？哪些是属于接触标志物？哪些属于效应标志物？这些标志物是如何产生的？ （4）什么是时间加权平均浓度（TWA），什么是短时间接触浓度（STEL），二者有什么区别和联系？我国现行的铅尘、铅烟的限制标准是多少？国际上的标准是多少？
小组讨论方式	每组 5~6 人，回答全部问题。	每组 5~6 人，从上述题目中现场抽取 1 道题回答。
答案呈现及交流方式	答案以书面形式罗列。 每小组选择 1 名同学陈述答案。	提供海报制作工具：4 张 A4 打印纸、透明胶、剪刀、彩色笔、记号笔；现场制作海报：将 2 或 4 张打印纸拼接为海报，然后答案可以文字、图表、绘画等任何形式书写在海报上。 回答完毕，所有小组海报现场张贴于教室，大家自行离开座位浏览（见图 1），然后每组选择 1 名同学陈述答案。
答案设置	可参考教材的标准答案	答案需通过教材、参考书、在线图书馆文献检索、网页检索获取。 问题为标准答案结合非标准答案。

图 1　张贴海报，现场交流

参考文献

[1] 牛侨，张勤丽．职业卫生与职业医学 [M]．第 3 版．北京：中国协和医科大学出版社，2015.

[2] 夏文颖，顾兵，黄珮珺，等．案例式教学在我国医学教育中的应用进展 [J]．西北医学教育，2011, 19（5）：923–925.

[3] 安鹏，杨海侠，党慧敏，等．案例式教学在中医教学中的应用及对教学质量的影响 [J]．医学教育研究与实践，2017, 25（4）：652–654.

考试题目

案例分析：

缪某和罗某在广东某生产铅酸蓄电池极板企业生板车间从事涂板、制作铅粉工作多年，工艺流程为熔化铅锭、制成铅粒、打成铅粉、涂抹极板。他们和生板车间另外几十名工人，每天工作 8~12 小时，虽有防尘口罩，但仍会接触铅烟、铅粉。2010 年缪某、罗某感到身体状况日益下滑，右手指麻木、痉挛已有 5 年时间，反复腹胀有 3 年，每天下班爬上位于二层的宿舍楼，双腿无力，记忆力衰退明显。2010 年 8 月 21 日，缪某和罗某以计件工资低、身体状况差为由向公司提出辞工申请，辞工得到同意后，两人到塘厦人民医院进行离岗时职业健康检查。8 月 22 日，缪某、罗某到东莞市慢性病防治院进行职业病诊断。医院的报告显示，两人被检查出血铅偏高，住院进行 3 个疗程的驱铅治疗，治愈后出院。2010 年 12 月 11 日至 30 日，缪某、罗某又到医院检查，血铅仍然偏高，治疗两个疗程后出院。2010 年 9 月 13 日，东莞市职业病防治中心到缪某、罗某工作企业采样检测空气铅浓度，采样人员共检测 8 个点，其中 7 个检测点铅尘、铅烟的时间加权平均浓度（TWA）最高超标 9.8 倍，短时间接触浓度（STHL）最高超标 6.3 倍。2010 年 10 月 15 日，东莞市慢性病防治院出具《职业病诊断证明书》，缪某、罗某的诊断结论为职业性慢性轻度铅中毒。2010 年 11 月 11 日，东莞市社保局认定缪某、罗某的轻度铅中毒属于工伤。之后，两人要求评残。2011 年 1 月 5 日，东莞市劳动能力鉴定委员会认定，缪某、罗某尿铅浓度为 0.10 μmol/L，血铅浓度为 1.76 μmol/L，ZPP 浓度为 0.60 μmol/L，未达伤残等级（摘自《职业中毒应急处理与防控》，主编崔泽，王冬玉， 人民军医出版社， 2014 年 1 月）。

(1) 该案例为什么可诊断为职业性慢性轻度铅中毒?

(2) 两位患者临床表现的病理基础是什么? 涉及哪些靶器官?

(3) 什么是生物标志物，如何分类? 铅中毒实验室检测有哪些生物标志物? 哪些是属于接触标志物? 哪些属于效应标志物? 这些标志物是如何产生的?

(4) 什么是时间加权平均浓度（TWA），什么是短时间接触浓度（STEL），二者有什么区别和联系? 我国现行的铅尘、铅烟的限制标准是多少? 国际上的标准是多少?

从上述题目中任意抽取 1 道题分小组作答。然后将答案书写在自己拼接的 A4 纸上，提供马克笔及彩笔对答案进行作图或装饰，并张贴在墙上，由小组成员派出代表对其答案进行解读。

学生答案

学生答案一：

华西公共卫生学院　文　涛　2013151651063 / 董一博　2013151651129
蓝天骄　2013151651081 / 张宇辉　2013151651027
王邵龙　2013151651039

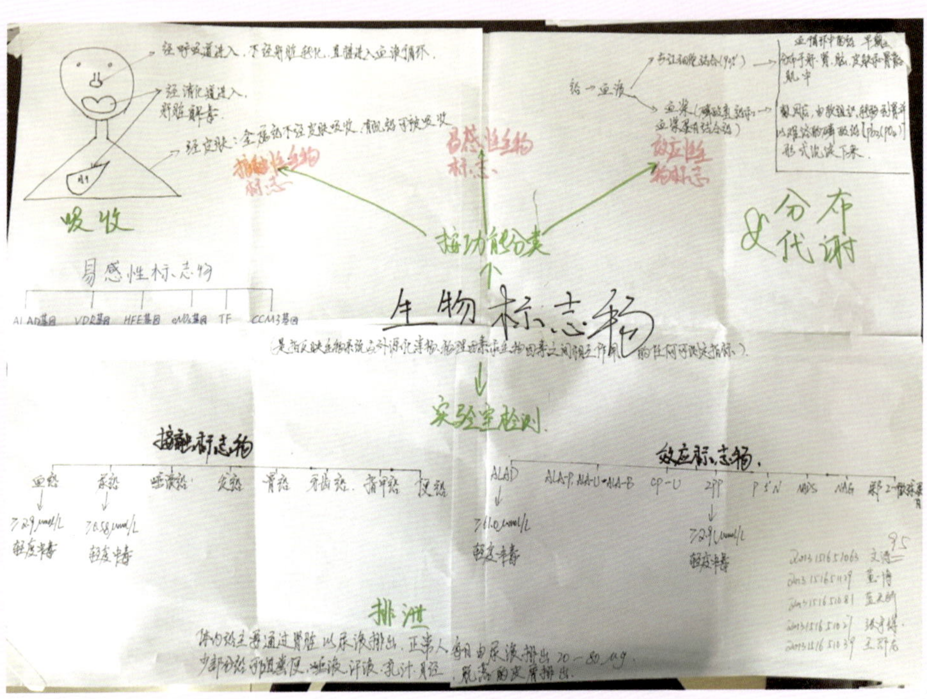

学生答案二：

华西公共卫生学院　何鸾英　2013151651021 / 黄立利　2013151651009
何雨莲　2013151651093 / 林佩璘　2013151651015
陶　寄　2013151651003

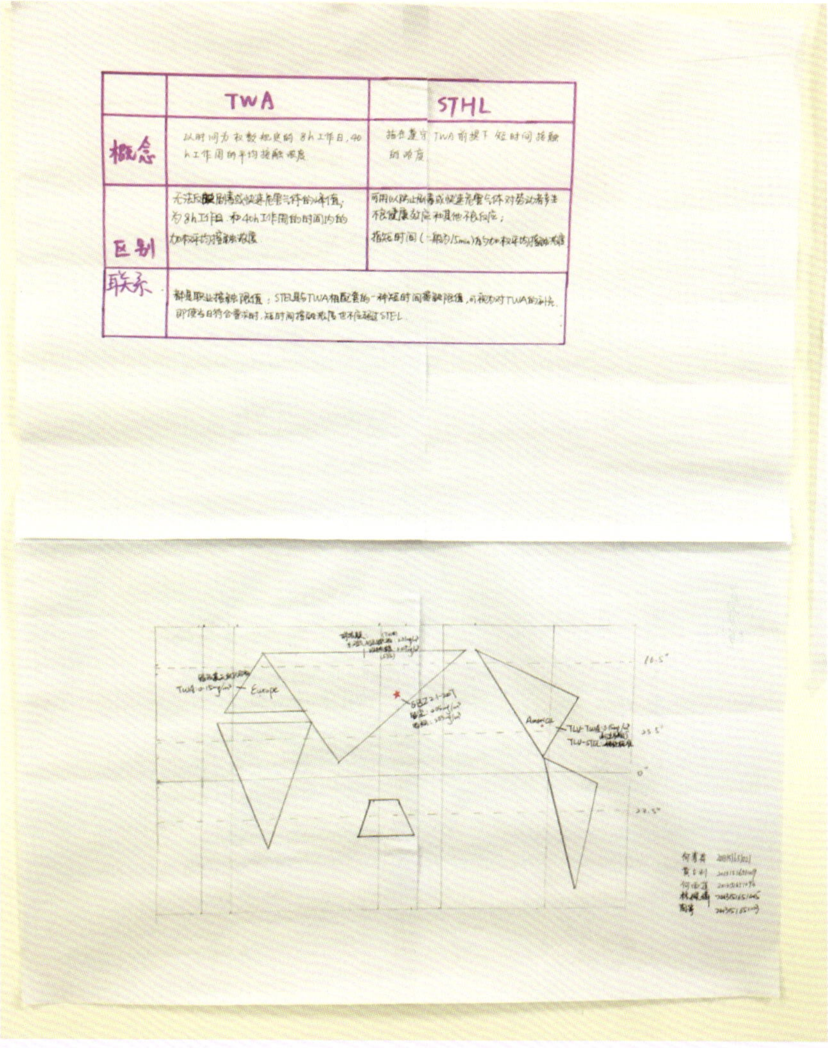

	TWA	STHL
概念	以时间为权数规定的8h工作日，40h工作周的平均接触浓度	指在遵守TWA前提下短时间接触的浓度
区别	无法反映剧毒或快速危害气体的峰值；为8h工作日，和40h工作周的时间内的加权平均接触浓度	可用以防止刺激或快速危害气体对劳动者产生不良健康效应和其他不良反应；指短时间（一般为15min）内的加权平均接触浓度
联系	都是职业接触限值：STEL是与TWA相配套的一种短时间接触限值，可视为对TWA的补充。即使当日符合要求时，短时间接触水平也不应超过STEL．	

学生答案三：

华西公共卫生学院　徐莎莎　2013151651112／邓艳娇　2013151651130
赵　凡　2013151651052／黄　娟　2013151651124
张嘉祺　2013141624053／李秋佳　2013151651100
高　铭　2013151651142

2.两位患者临床表现的病理基础及涉及靶器官.

1.神经系统.

临床表现：类神经症：记忆力衰退明显，双腿无力
周围神经症：右手指麻木，痉挛5年

病理基础：①神经元 ②脑细胞凋亡

靶器官1

②消化系统.

铅
↓
肠壁碱性磷酸酶和ATP酶活性
↓
肠道平滑肌痉挛
↓
腹痛、腹胀

铅
↓
肠壁NOS神经元
↓
数量减少　　形态学改变　　　
↓
NO生成减少
↓
肠道平滑肌痉挛
↓
腹痛、腹胀

靶器官2.

小组成员：
徐莎莎 2013151651112　黄娟 2013151651124
邓艳娇 2013151651130　张嘉祺 2013141624053
赵凡 2013151651052　李秋佳 2013151651100
高铭 2013151651142

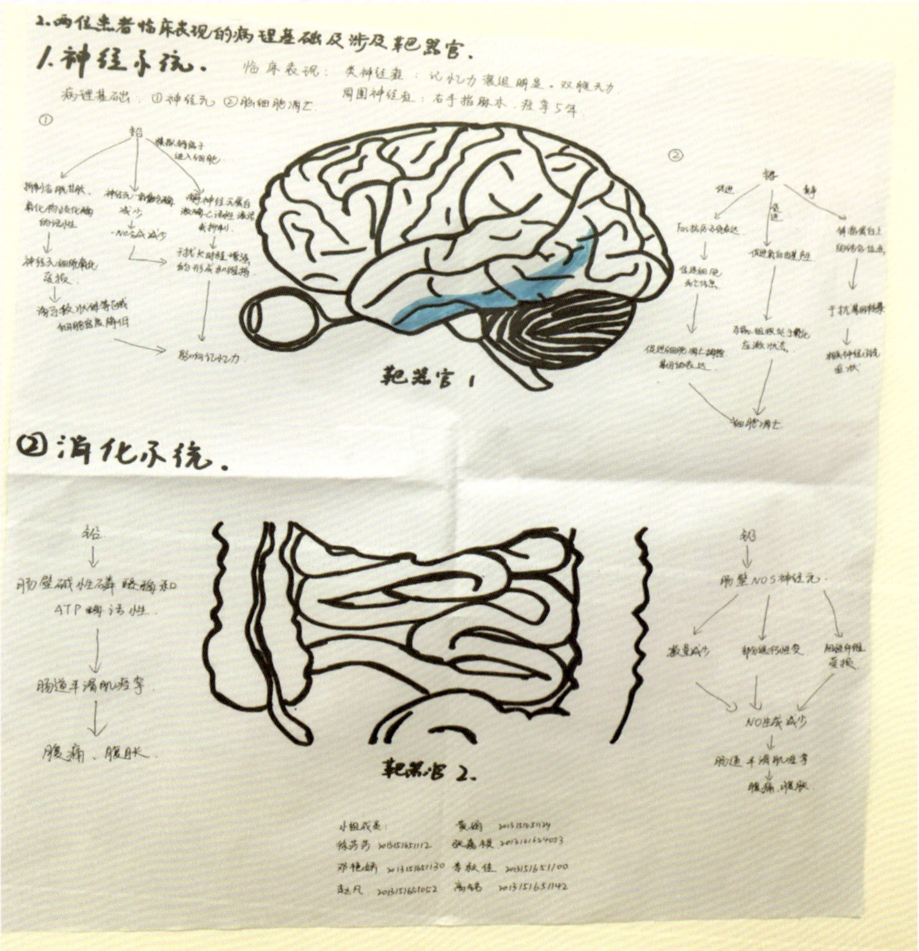

学生答案一

该组同学对铅中毒的生物标志物作了非常全面的总结，在海报中提到的标志物，除了 ALAD 基因、ALA 和 ZPP 之外，其他指标均为小组成员自行检索文献查阅总结所得，非常好地补充和更新了书本的内容。

学生答案二

该组同学对铅的职业环境暴露浓度作了总结，并采用简易世界地图的模型展示出了中国及其他国家的铅暴露检测标准，非常形象直观；同时国外的标准是学生自行通过网络检索英文相关文献所得，值得鼓励。

学生答案三

该组同学通过手绘人体器官模型的方式，直观地阐明了铅中毒累积的主要脏器和临床表现，并采用流程图的形式展示了发病机制及因果关系。生动活泼的答案展示方式，使得同学们能更好地理解从基因到临床表现的内容。

教师点评

爱情婚姻经济学
课程号：504245010

课程简介

爱情和婚姻是人们社会生活中重要的组成部分，也是当前大学生普遍关心的问题。“爱情婚姻经济学”是利用经济学各种名词和原理来分析人们婚姻与爱情关系中各种现象的一门课程，是经济学、社会学、心理学多学科融合的产物。课程从经济学的基本概念介绍出发，通过课堂讲授、案例讨论等方式进行教学，课程内容包括经济学中的的供求分析、市场状况分析、风险与保险、成本收益分析等。通过教学，使学生初步了解经济学的基本原理、理论和方法，培养学生从经济学的观点出发，通过社会生活现象的分析解决所遇到的实际情感问题，帮助大学生树立正确的恋爱观，促进身心健康。

张引颖／四川大学华西公共卫生学院（华西第四医院）

张引颖，2007 年从教至今，主要从事卫生经济学教学与研究工作。

2014 年、2015 年获得“探究式－小班化”教学质量优秀奖，2015 年获非标准答案考试命题优秀奖，2014 年获四川大学青年教师教学竞赛优秀奖，2011 年被评为四川大学青年骨干教师。

创新教学互动形式，助力高校考试改革

四川大学华西公共卫生学院（华西第四医院）　张引颖

教学互动是指教与学的交互影响与活动过程，在该过程中，借助多种形式和方法，形成和谐的师生关系、教与学的相互统一，促成师生共鸣，使学生心动、意动和情动，最终达到提高教学效果的目的[1]。当前各高校均力图培养创新人才，这就要求学生不光要学习既有的理论体系，更要拓展思维，乐于创新与实践。因此，在高校教学中加强课堂互动，能激发学生的学习兴趣，为多样化的考试改革创造条件。本文基于笔者的自身使用经验和感受，分析了四川大学几种教学互动方式的特点，并提出由此可进行的考试改革形式。

一、高校教学互动的意义

狭义来讲，教学互动主要指课堂上师生的言语和身体交流。广义来讲，笔者认为教学互动应包括课堂内外的一切师生交流互动形式。有研究者指出，高校开展教学互动有利于形成平等、民主、和谐的课堂氛围，有利于激发学生的学习兴趣和求知欲望，有利于促进教师的自身发展和自我完善[2]。

二、四川大学应用的几种教学互动工具

传统的课堂互动方式主要包括课堂提问、课堂讨论方式。四川大学在教学改革的过程中也进行了各种尝试，提供给师生一些新的互动方式供选择，这些新型的教学互动平台更有利于考试改革的进行。本文主要对课堂提问、课堂讨论之外的几种教学互动形式进行分析和比较。

第一种教学互动方式是利用学校现代教育技术中心开发的课程中心网站进行。近几年来已有越来越多的课程登录了课程中心网站，网站也开发了越来越多的功能供大家使用。通过此网络平台，教师可发放教学资料并建立论坛进行课后讨论，更及时地获得学生的反馈，也可以预先建设习题库和考试试卷，实现在线作业和在线考试。

另外一种比较早应用于教学互动的工具是答题器，也称表决器。教师在课前做好专用的 PPT，联系教育技术中心确保上课教室有相应的软件，在课堂上每个学生使用答题器现场反馈，教师即可现场点评答案。因使用答题器能通过图表的形式让课堂上每个人都迅速看到其他人的选择，因此非常适合进行课堂训练。同时，答题器在四川大学各校区均可申请使用，不受教室本身条件的限制，适宜度广。

目前，现代教育技术中心还进一步开发使用了手机互动教室、网络互动教室，可实现签到、答题、抢答、翻转课堂等功能，进一步方便了师生交流，在三大校区中均已进行了部分教室的改建。以手机互动教室为例，它可看作答题器的“升级版”，学生用手机不但可以如答题器一样提交选择题，还可以提交文字和图片。同时，手机互动教室利用教室本身提供的无线网络，克服了答题器本身稳定性不足这个大问题，又屏蔽了外网，防止学生以答题为名上网开小差。

除此之外，临床医学院、公共卫生学院等还购买使用了教学互动 APP——“移动教学应用”。教师可以提前登录用户端在电脑上录入各种资料和课堂上使用的习题，在课堂上请学生登陆学生的客户端答题，使得课堂签到和选择题提交变得非常快捷。

三、创新型教学互动形式对考试改革的启发

以课堂提问为代表的传统的教学互动模式，大多数老师驾驭起来都较为轻松，但学生的积极性、主动性受到影响，互动不够充分、不够深入。各种新型的教学互动形式不但可以达到更好的课堂效果，还为多种形式的考试改革提供了条件。

课程中心网站现已具备在线考试和提交作业的功能，可以预设答案，不但可以减少教师的阅卷时间，也可使考试时间和地点更为灵活；作为答题器“升级版”的手机互动教室，以及“移动教学应用”APP 都能在课堂上完成以选择题为主的课堂小测验，当堂答题当堂讲解；利用课程中心网站还可在翻转课堂过后让学生互评，其评分也作为总成绩的一部分，增强了学生对教学过程和结果的参与。

当然，创新的教学互动形式虽达到了良好的教学效果，但需耗费教师更多的时间和精力来完成设计，也对教师的课堂掌控能力提出了更高的要求。因此，高校教师可根据课程特点和学生兴趣选择和应用多种教学互动形式，并以此来助力考试改革。

参考文献

[1] 戴兵，杨建华，陈鸣飞．高校大班课实施互动教学的方法研究 [J]．重庆第二师范学院学报，2013, 26（3）: 87-89.

[2] 林茂．加强高校课堂教学互动的探讨 [J]．高教论坛，2010,9: 67-69.

考试题目

题目：

如何看待“男人有钱就变坏”这种说法?

学生答案

学生答案一（节选）：

材料科学与工程学院　王　芳　2015141425026

（1）社会上的确存在“男人有钱就变坏”这一现象。由于婚恋关系是理性人在稀缺资源中的分配关系，同经济学所研究的问题（经济主体如何通过选择来确定社会稀缺资源得到有效利用的科学）相一致。基于序数效用分析方法，消费者对于市场上商品的效用是通过对它们的排序来衡量的，每一种商品的效用可以用无差异曲线来表示。消费预算线与商品的无差异曲线的相切点，即是消费均衡点。婚恋市场存在竞争，这是由资源的稀缺性决定的，同类之间通过提升自己来参与竞争。男人变得有钱，可算作男人的自我提升，于是，他的消费预算线上升。在商品市场稳定的条件下，男人可以选择条件更好的女人，如更年轻漂亮等，这就是“男人变坏”。那么，如果女人也不断自我提升，保持消费均衡，是不是她的男人就不会变坏了呢?

（2）并不是所有情况下“男人有钱就变坏”。根据爱情婚姻市场具有的特点可以分析。婚恋市场的主体是人，人是一种有感情的复杂动物，所以，追求利益最大化并不是唯一要求。男人自我提升的程度再大，毕竟是情感动物，如果感情尚在，定不会抛弃“糟糠之妻”。

（3）婚姻关系的合作性博弈。男人变有钱之后是否会变坏，还会受到其妻子的约束。如果其妻子拥有足够多的筹码约束男人的行为，那么，变有钱的男人将“有贼心无贼胆”。一则是经济掌控权。如果男人知道自己变坏后将会失去大笔财产，那么他应该会权衡利弊了。二则是孩子，拥有子息带给人一定的效用价值。如果男人变坏后将失去这一效用，那么他也将会权衡。如果在婚姻关系中，双方比孤身一人时能更好地创造社会财富，那么分开也不那么容易。

（4）还有一些男人，穷得叮当响，也依旧“变坏”了。所以，是否“变坏”，还基于男人的道德品行、受教育程度等。

（5）市场管制，道德和法律的双重束缚。拥有婚恋关系的双方共有财产的分割，道德的约束，尤其对于一些公众人物、拥有较高社会地位的人，有较强的约束力。

学生答案二（节选）：

经济学院　王珞琪　2015141012113

从经济学的角度考虑，“男人有钱就变坏”是有一定合理性的。

首先，当男人具备雄厚的经济实力的时候，物质生活得到极大满足，更加倾向于精神层面的追求。也就是说寻求新鲜感，而以前的婚姻或其他情感关系并不能满足他们的这一需求。因此，他们开始“变坏”，寻求新的情感关系。劈腿、出轨、情变、婚变，由此而来。

另外，经济学中人们的购买力随收入水平的提高而增强。同理，当男人拥有了更多的资本时，他们的欲望也随之增加，对于伴侣的要求可能也会随之增加。比如希望另一半拥有更高的颜值、更好的身材、更温婉的性格等，从而对现任伴侣的不满足感增加。为了满足自己的需求，男人企图突破原有的关系，寻求新的可以满足他们的新关系。

如果，男人觉得结束一段关系再去寻求一段新的关系的机会成本过高，他们无法承受，他们就会选择婚内出轨的方式。因为结束一段关系的机会成本不仅包括一定的经济损失，还包括情感损失以及一些隐性损失，总的来说还是不小的挑战。

而从风险共同体的角度考虑，“男人有钱就变坏”也有一定的可能性。因为当经济条件不佳的时候，家庭可以作为一个风险共同体，帮助个体提高风险抵御的能力，起到医疗、养老等作用。而家庭消费也具有一定的规模效应，可以减少独立生活的成本，因此成为不少人在经济贫困时生活的很好选择。然而当男人拥有更优沃的资本时，他的风险抵御能力增强，一定程度上可以承担独立生活的成本与风险。这也加大了他脱离爱情和婚姻关系的可能性。

但是，在现实生活中，我们不能仅仅从经济学角度考虑，还要考虑道德和情感因素，以及个体因素，因此不能一概而论。

总点评

“男人有钱就变坏”这句话在社会上广泛流传，各种社会新闻更是不断给这种观点提供了佐证。本人在课堂上从生理、进化史、文化价值体系几个维度已经给学生就男女性的差异进行了一定的讲解，对“男人有钱就变坏”这句话的分析实际上需要学生分析这种观点出现的原因。此次选取的两个学生答案均从经济学角度来进行了解释，运用的理论不同，但都能给出辩证的看法。

学生答案一

该答案运用效用理论来进行解释，即“有钱”可使消费预算线离原点更远，从而可以选择更年轻漂亮的女人，即“变坏”。该答案同时还谈到了婚姻中的博弈和管制，提出男人是否“变坏”是权衡利弊的结果，多数情况下男人会考虑经济掌控权、孩子和道德法律的约束。

教师点评

学生答案二

该答案应用了机会成本理论，指出男人是否寻求新的关系在于男人对机会成本的衡量。学生还提到了风险理论，男人在拥有资源优越的情况下抵御风险的能力增强。

药物发现简史
课程号：505114020

课程简介

“药物发现简史”课程是华西药学院面向全校本科生开设的一门药学类通识课程。本课程撷取药物发现史上具有里程碑意义的伟大药物，通过对疾病原理与药物或疗法的发展历史的分析与讲解，为学生揭示科学发现的偶然与必然，激发学生对于未知领域的探索欲并拓展其对科学研究的兴趣。该课程开设有多个专题讨论，例如抗生素滥用与细菌耐药、药物滥用、毒品、减肥药物的发现史等，通过社会热点与现今新药研发前沿课题的交织，引导学生思考背后的科学问题，培养学生的创造性思维。本门课程采用非标准化考试的形式，以影评、书评、开放型论题等方式作为课程的考核方式，引导学生主动思考，在此过程中培养其科学素养。

张　丹 / 四川大学华西药学院

张丹，2011 年毕业于四川大学华西药学院，获理学博士学位。目前为华西药学院天然药物化学系副教授，主要从事具有重要生理活性天然产物的全合成及药物化学工作。工作以来，作为项目负责人获得国家自然科学基金、省部级自然科学基金面上项目、四川大学优秀青年基金等科研项目；在 Acc. Chem. Res、Nat. Chem. Biol、Chem. Comm、Eur. - J. Chem 等国际著名期刊发表 SCI 论文近 20 篇，作为主要完成人获教育部自然科学一等奖。主讲 3 门本科生课程和一门研究生课程，在药学院首届青年教师教学比赛中获得二等奖，获得药学院 2016—2017 年度本科优秀教学奖三等奖；主讲通识课程“药物发现简史”；获得 2016 年本科教学奖文化素质公选课最受欢迎教师。

“非标准化考试”在自然科学类通识课程考核中的探索与实践

四川大学华西药学院　张　丹

标准化考试是目前高校广泛采用的考核教学效果的主要手段，其特点是标准试题、标准答案和标准评分标准，通过试题难度区分学生对于授课知识的掌握情况，并提供考核结果作为选拔人才的重要依据（分数）。然而，随着教育教学改革的逐步深入，标准化考试的弊端日渐增多，例如考核方式过于单一、考试题型脱离生活、评分标准过于刚性等。更重要的一点是，当学生从大学毕业进入社会时，工作中对人的评价却不是一张标准的答卷。探索更科学合理、更多样化的考核教学的方法，无论对于课程建设还是高等教育都具有十分重要的意义。

“药物发现简史”这门课程是面向全校本科生开设的一门自然科学类通识课程。我们撷取药物发现史上具有里程碑意义的伟大药物的发现之路，通过对于疾病原理与发展历史的分析与讲解，为学生揭示科学发现的偶然与必然，激发学生对未知领域的探索欲并拓展其对科学研究的兴趣。我们结合社会热点，开设有多个专题讨论，例如抗生素滥用问题、食品安全问题、毒品问题等，使学生深入思考社会热点问题中包含的科学原理，培养学生的理性思维。基于以上的建设思路，我们在选课时未限制专业而将课程面向全校本科生（以本科一、二年级学生为主体），修学学生的专业既包括临床医学、基础医学、法医学、口腔医学、药学、生物科学等生物医药相关专业，也有来自计算机、化学、化工、人文艺术、法律、金融、工商管理、电气信息等专业的学生。由于选课学生专业分布较广，为我们课程的考核方式提出了挑战——即在有一定专业性的课程中，如何科学地评价专业和非专业学生的知识掌握情况，使得课程满足不同背景同学的需求。显然，标准化试卷考试的方式不适用于我们这门通识课程。试想，同一份标准试卷，一名临床八年的医学生和一名计算机专业的学生，其考试分数将可能出现两极化，令非专业学生产生畏难情绪，最终使得选课学生变成以生物医药专业为主。如因此降低试题难度，则无法科学地考查学生对所学知识的掌握情况，更无法通过考核达到激发学生创造性思维的目的。

因此，我们对于课程考核采用了非标准答案考核的方式，通过提炼课程中的核心知识，设置了一系列开放式的论题。这些论题由课堂内容伸发，具有较强的灵活性和启发性，不同专业的学生可以有不同角度的理解，从而引导其主动思考，在此过程中培养其科学素养。教学实践和此后学生问卷调查的结果显示，几乎所有的学生都表示非常赞同这样的考核方式。也有少数同学有自己非常希望表达观点的论题，在跟教师讨论后教师也允许其自选命题。令人高兴的是，我们在学生提交的论文中收获了许多精彩的论文，其中有不少有创造力和有深度的文章来自于非专业的同学。每年我们都会挑选和收集优秀学生的习作，不仅展示学生的智慧答案，也希望对于进一步探索非标准答案考试改革有所裨益。

“我能做一份满分的答卷，却仍答不对生活这道题。”每一个学生都是一个特定的个体，都将经历一个充满非标准答案的人生，希望每一个生命都不虚此行。

参考文献

马连霞．非标准化考试模式的探索与实践［J］．教书育人，2006, 5: 92-93.

考试题目

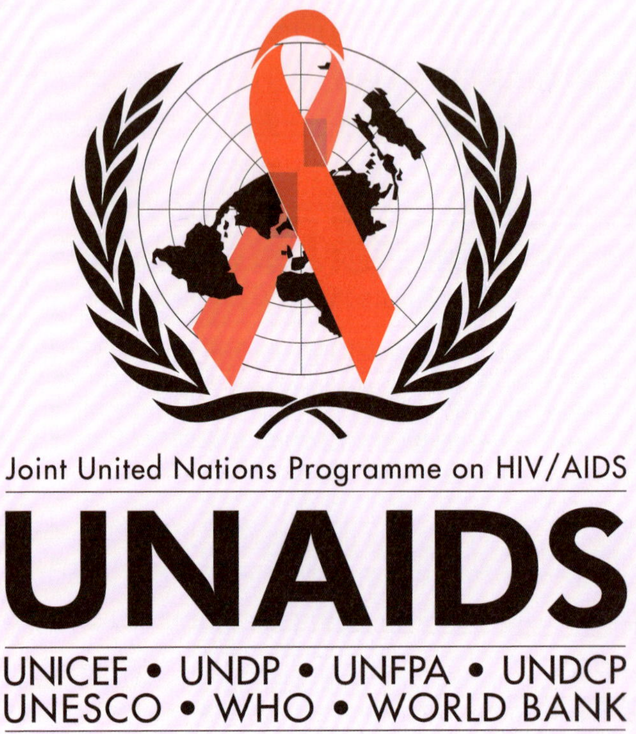

题目一

艾滋病药物专题

考试要求：

请结合课程内容针对奥斯卡获奖影片《达拉斯买家俱乐部》写一篇影评。

学生答案：

电气信息学院　吴星翰　2015141441131

神农氏当年为苍生尝百草，张仲景遍历各地救百姓于危难水火之中。如今，从药物的研发到上市，已经形成了完备的产业结构。驱动此产业转动的已经变成了那些遭受苦难者为了生存续命而手持的鲜红钞票。当然，制药公司不是公益组织，但是一个企业定然要有的是社会责任感。当年，糖尿病还是不治之症，胰岛素的发现让患者有了生机。制药厂家没有趁机大敲一笔，而是尽量压低了价格，大量产出，让备受疾病煎熬的苦楚患者尽早脱离苦海。

社会从来不缺危难，人生从来不缺痛苦，我们缺少的是关怀与善待。对于一个一生只能与药物相伴，无法回归正常生活，已经残缺的生命，我们需要给他们生活的希望。让他们知道，他们也值得被这个世界温柔地对待。

“生命一点点流逝，他们依旧全力奔跑，追逐渺小易逝的可悲幸福。”这或许是对每一位艾滋病患者生活的描述。当社会发展到如今的地步，艾滋病只要通过药物的维持抑制，已经可以看成一种慢性病。所以，到现在，艾滋病患者最大的心病就是社会的排斥。从艾滋病出现的那一天，它就与歧视捆绑在一起。人们对待艾滋病患者、同性恋者，总是怀有反感。已经被污名化的标签贴到人身上时，那些人甚至没有了回击的力量。人们自然把它同混乱的生活方式、滥交、秽乱联系在一起。正是这种偏见，压在艾滋病患者的头顶，令人压抑、窒息。

“人生其实犹如一次烟火的绽放，璀璨是瞬间的惊喜，而转瞬即逝的冷灰则是派遣不了的寂寞冷清。人生又犹如一场盛宴，赴会时的预约很快便使曲终人散的告别毁了趣味。唯有生命坎坷中的那些自我征战和崛起，才是值得我们眷恋的意义。”

罗恩的故事里有太多的温暖，艾佛医生的回归，警察对罗恩的救治，同性恋群体的鼎力互助，罗恩为俱乐部的牺牲……的确，世界有太多的危难，但复杂的世界永远是哀决与希望的交织共同体。每一秒，世界的某个角落都会有人离去，同时，世界的某个角落也会有人新生。“会有更多的黎明，太阳不过是一颗晨星。”

当夜幕四合，华灯初上，奔波忙碌一天后的你看着四下无人的街道，或许会害怕，或许会彷徨，或许会怅然若失，或许会无所适从，或许感到生命的卑微，或许会叹息自己的无能，或许曾经的梦想如今一无所踪，或许你悲叹这命运的不公，或许你哀怨这苦痛的折磨，或许你怀疑自己是否需要继续走下去，或许你觉得这个世界不再值得你为之拼命。

可是，你要活下去，你知道没有到不了的黎明。

考试题目

题目二

考试要求：

请结合课堂内容，针对《疯癫与文明》一书写一篇书评。

学生答案：

法学院　何东桦　2016141021096

本书以《疯癫与文明》为题，文明构成疯癫的发展环境，而疯癫由此定位为文明产物。然而何谓文明？我们尚在茫茫未来一路找寻，以未知的“文明”去规制未知的“疯癫”，又是何其无知。千百年来，浑噩而过，理所当然。赋予疯癫的意义，究竟是文明，还是偏见？

疯癫不过是理性的注释，那一字一语，终在引导我们逃离现世狭窄的理性境界，回归那完整而包容的文明世界。“当疯癫终于被按照我们长期以来视而不见的真理来认真对待时，是一个多么幸福的时代。”我们不必奢求读懂“疯癫者”的内心，但至少，他们也值得被这个世界温柔以待。

教师点评

题目一学生答案

此篇文章分别从法律、药物作用、商业利益冲突、社会歧视等方面较全面地探讨了《达拉斯买家俱乐部》这部电影所表达的主题内涵。行文中多处引用电影中以及其在平时生活中接触到的观点，且有一定时效性，充分体现出该生平时就有较广的知识涉猎面。此外，此篇文章并非简单的材料堆砌，每部分均有自己的观点，可以看出是一篇用心写成的文章。作为非医药专业的同学，实属难能可贵。

题目二学生答案

《疯癫与文明》是福柯的成名作，其中的哲思每每读来震撼不已。何东桦同学的书评开篇引述福柯著书的主旨：疯癫并不是认识对象，其历史需要重新揭示。文中包含的对精神病患者和疯癫的悲悯，即多年后与作者的共鸣。